대학

21세기 시선으로 읽는 동양고전

대학

박찬근 지음

혼돈 속에서 자신을 찾는 당신에게

바람 한 점 없는 고요한 숲속, 나뭇잎 사이로 스며드는 한 줄기 빛처럼 우리의 삶에도 분명한 이정표가 필요합니다. 특히, 예측 불가능한 시대를 살아가고 있는 우리는 무엇을 좇아야 할지, 어떻게 살아가야 할지 끊임없이 질문하지만 답은 쉽지 않습니다.

불안과 혼돈 속에서 길을 잃고 헤맬 때, 우리는 종종 외부의 화려한 성공이나 물질적인 풍요에서 답을 찾으려 합니다. 하지만 과연 그것이 진정한 만족과 평화를 가져다줄까요?

여기, 수천 년의 시간을 넘어 지금 이 순간에도 유효한 지혜를 담고 있는 고전이 있습니다. 바로 『대학大學』입니다. 이 책은 단순히 오래되어 이미 낡아버린 '경전'에 그치지 않습니다. 자신을 탐구하고, 타인과 관계를 맺으며, 더 나아가 세상을 이롭게 하는 구체적인 삶의 기술을 담고 있는 인생 안내서입니다.

『대학』은 우리가 잊고 있던 본래의 밝은 마음을 어떻게 되찾을 수 있는지, 나 하나가 바로 서는 것이 어떻게 우리 가족, 조직, 그리고 사회 전체를 변화시킬 수 있는지, 그리고 무엇이 진정한 이익이며 궁극적인 선인지 그 길을 명쾌하게 제시합니다.

이 책은 『대학』의 심오한 가르침을 현대인의 언어로 재해석하고, 우리 삶의 다양한 문제들과 연결하여 당신에게 새로운 통찰을 선사할 것입니다. 복잡한 한자어의 장벽을 넘어, 그 안에 담긴 깊은 의미와 실천적인 지혜를 함께 탐구하며 당신 내면의 빛을 밝히고, 그 빛으로 세상을 비추는 여정을 시작하길 바라며, '수신-제가-치국-평천하'의 큰 흐름을 따라 기술함으로써 각 단계가 자연스럽게 다음 단계로 이어지도록 구성하고, 비슷한 주제를 가진 제목들을 하나의 장으로 묶어 내용의 응집력을 높였습니다. 예를 들어, '신독', '유독', '성의의 궁극적인 결과' 등은 '마음의 진실'이라는 큰 틀 아래 묶은 것입니다.

당신은 이미 빛나고 있습니다. 그걸 잊고 있을 뿐이죠.
이 책이 당신의 빛을 다시 발견하고, 당신의 삶을 더욱 풍요롭게 만드는 데 작은 나침반이 되어주기를 진심으로 바랍니다.

CHAPTER 1

나를 알아가는 첫걸음

내 안의 밝은 덕,
잊고 있던 본성을 깨우다

❖

우리는 살아가는 동안 수많은 역할을 연기한다. 직장에선 유능한 전문가, 집에선 다정한 가족, 사회에선 책임감 있는 시민…. 때로는 이 역할들이 너무나 익숙해져서 가면 뒤에 숨겨진 진정한 '나'의 모습이 희미해지기도 한다.

『대학』은 바로 이 지점에서 우리에게 중요한 질문을 던진다.

"내 안의 밝은 덕, 그 본래의 빛은 어디에 있는가?"

『대학』의 첫 번째 핵심 가르침은 바로 '명명덕明明德'이다. 이는 단순히 "덕을 밝힌다"는 표면적인 의미를 넘어선다.

우리 모두는 태어날 때부터 '밝은 덕(明德)'이라는 순수하고 선한 본성을 지니고 있다. 마치 깨끗하고 영롱한 거울처럼, 사물을 있는 그대로 비추는 본래의 빛을 말함이다.

하지만 살아가면서 겪는 복잡한 세상사, 욕심, 분노, 슬픔 같은 감정의 먼지들이 이 거울을 흐리게 만든다. 우리는 그 먼지 때문에 본래의 빛을 보지 못하고, 심지어는 그 빛이 존재한다는 사실조차 잊어버리곤 한다.

'명명덕'은 바로 이 '먼지 낀 거울'을 닦아내는 작업과 같다. 외부의 시선이나 사회적 기준에 휩쓸리지 않고, 내면의 깊은 곳을 들여다보며 나의 진정한 가치와 잠재력을 발견하는 과정이다.

이것은 억지로 착한 사람이 되고자 애쓰는 것이 아니다. 내면의 목소리에 귀를 기울이고, 나의 감정과 생각과 솔직하게 마주하며, 스스로의 장점과 약점을 있는 그대로 인정하는 용기 있는 여정이다.

이 과정을 통해 우리는 몇 가지 중요한 것을 얻을 수 있다.

진정한 자기 인식 : 내가 무엇을 좋아하고 싫어하는지, 무엇을 잘하고 무엇이 부족한지, 나를 움직이는 진짜 동기는 무엇인지 깊이 이해하게 된다.

내면의 평화 : 감정의 파도에 휩쓸리지 않고, 불안과 걱정을 다스리며, 흔들림 없는 평정심을 찾아간다.

자기 확신 : 타인의 평가에 의존하지 않고, 내면의 기준과 가치에 따라 삶을 주도적으로 이끌어갈 수 있는 단단한 믿음이 생긴다.

결국 '명명덕'은 나 자신을 온전히 이해하고 사랑하는 법을 배우는 과정이다. 잃어버렸다고 생각했던 나의 본래 빛을 다시 찾아 환하게 밝히는 일이며, 이 빛이야말로 당신의 삶을 의미 있게 채우고, 나아가 세상을 비추는 첫 번째 시작점이 될 것이다.

나를 향한 질문

– 당신은 지금 나의 '밝은 덕'이 얼마나 빛나고 있다고 느끼는가?
  그 빛을 가리고 있는 '먼지'는 무엇인가?

대학大學, 나를 닦고 세상을 다스리는 어른의 학문

大學之道 在明明德, 在新民, 在止於至善.

대학지도 재명명덕, 재신민, 재지어지선.

"대학의 길은 밝은 덕을 밝히는 데 있고,

백성을 새롭게 하는 데 있으며,

지극한 선에 머무르는 데 있다."

원문 풀이

이 구절은 『대학』의 핵심이자, 시대를 초월하여 우리 삶의 방향을 제시하는 등대와 같다. 단순한 가르침을 넘어, 우리 존재의 본질과 사회적 역할을 깊이 탐구하게 한다.

『대학』은 본래 '어른의 학문'을 의미하며, 수기修己와 치인治人의 도리를 담고 있다. 위 구절은 그 핵심 강령을 제시한다.

明明德 명명덕 : "밝은 덕을 밝힌다"는 것은 우리가 하늘로부터 부

여밟은 본래의 밝고 선한 본성을 스스로 탐구하고 드러내는 과정이다. 우리의 기질이나 욕심으로 인해 흐려진 본연의 빛을 다시 닦아내는 것을 의미한다.

新民 신민 : "백성을 새롭게 한다"는 것은 단순히 백성을 친애하는 것을 넘어, 자신이 밝힌 덕을 타인에게도 미치게 하여 그들 또한 낡은 습성이나 잘못된 관습에서 벗어나 새로운 삶을 살도록 돕는 것을 의미한다.

止於至善 지어지선 : "지극한 선에 머무른다"는 것은 모든 이치와 도리의 궁극적인 지점, 즉 완전한 선에 도달하여 흔들림 없이 그곳에 머무르는 것을 의미한다. 이는 개인의 수양과 타인을 이롭게 하는 모든 행위의 최종 목표가 된다.

핵심개념은 자기 본성의 회복(明明德), 타인과의 공존과 성장(新民), 그리고 궁극적 가치의 추구(止於至善) 세 가지다.

21세기 시선으로 보는 해석

『대학』의 가르침은 2천 년이 지난 지금도 여전히 유효하며, 현대인의 삶에 깊은 통찰을 제공한다.

명명덕은 '자기 인식'과 '자아실현'이다.

우리는 종종 외부의 기대나 사회적 압력에 휩쓸려 자신을 잃어버리곤 한다. 명명덕은 바로 내면의 목소리에 귀를 기울이고, 나의 진정한 가치와 잠재력을 발견하며, 그것을 삶 속에서 펼쳐나가는 여정이다. 이는 정신건강, 자기계발, 그리고 주도적인 삶과 직결된다. 내 안의 빛을 밝히는 것은 곧 나 자신을 온전히 이해하고 사랑하는 일이다.

신민은 '공감'과 '사회적 책임'이다.

개인의 성장이 아무리 뛰어나도 그것이 타인과의 관계, 더 나아가 공동체에 긍정적인 영향을 미치지 못한다면 온전한 의미를 찾기 어렵다. 신민은 나와 다른 이들을 이해하고 포용하며, 그들의 성장을 돕고, 함께 더 나은 사회를 만들어가는 능동적인 참여를 의미한다. 이는 인간관계, 리더십, 지속가능한 공동체 건설의 중요한 기반이 된다.

지어지선은 '삶의 목적과 지속가능한 가치'다.

급변하는 세상 속에서 우리는 무엇을 추구하며 살아가야 할까? '지어지선'은 단순히 성공이나 만족을 넘어, 나 자신과 공동체에 가장 이로운 궁극적인 가치, 즉 진정으로 의미 있는 삶의 목적을 설정하고 흔들림 없이 나아가는 것을 뜻한다. 이는 윤리적 판단, 의사결정, 그리고 삶의 궁극적인 만족감을 찾는 과정과 맞닿아 있다.

단산의 대학 강의

고요한 밤, 문득 내 마음속 깊은 곳에서 희미하게 빛나는 무엇을 발견합니다. 때로는 먼지에 덮여 어두워지고, 세상의 번잡함에 가려져 잊히곤 하지만, 그 빛은 언제나 그곳에 있었습니다.『대학』은 그 빛을 다시 밝히는 것에서부터 우리 삶의 진정한 의미가 시작된다고 말합니다.

명명덕, 내가 가지고 있는 본래의 밝은 덕을 밝히는 일. 그것은 단순히 착한 사람이 되는 것을 넘어섭니다. 마치 거울에 낀 먼지를 닦아내듯, 내면의 소란과 외적인 욕망을 잠재우고 나의 진정한 본질, 즉 '나다움'을 찾아가는 여정입니다. 이 과정은 때로는 고통스럽지만, 나 자신을 깊이 들여다보고 이해하며, 비로소 온전한 나로 설 수 있게 하는 근원적인 힘을 선사합니다.

저는 한때 타인의 시선에 갇혀 제 본연의 색깔을 잃어버린 적이 있었습니다. 하지만 명상과 글쓰기를 통해 내면의 목소리에 귀 기울이면서, 잊고 있던 저만의 빛을 다시 발견할 수 있었습니다. 그때 비로소 진정한 만족감과 평온함을 느꼈습니다.

신민, 밝힌 나의 덕을 타인에게 비추어 그들 또한 새롭게 하는 일. 이것은 단순히 베푸는 행위를 넘어섭니다. 내가 찾은 빛이 주변 사람들에게도 영감을 주어 그들 역시 자신의 빛을 발견하도록 돕는 것입니다. 이는 공동체 안에서 함께 성장하고, 서로에게 긍정적인 영향을 주고받는 과정입니다. 최근 저는 멘토링 프로그램에 참여하면서, 제가 가진 작은 경험들이 누군가에게는 큰 변화의 씨앗이 될 수 있음을 깨달았습니다. 상대방의 잠재력을 믿어주고 격려하는 과정에서 저 자신도 함께 성장하는 것을 느꼈습니다. 이것이야말로 진정한 상생이며, 우리가 함께 만들어갈 수 있는 아름다운 미래의 모습입니다.

이 모든 것의 궁극적인 지향점은 '지어지선', 지극한 선에 머무르는 것입니다. 이는 도달 불가능한 이상향이 아니라 우리가 삶을 살아가는 모든 순간에 추구해야 할 최고의 가치이자 목표입니다.

개인의 수양과 타인과의 조화로운 관계를 통해 우리는 이 지극한 선에 한 걸음 더 다가갈 수 있습니다. 이 과정은 멈춤 없이 계속되는 노력과 성찰을 요구하며, 우리 삶의 모든 선택과 행동의 나침반이 되어줍니다.

『대학』의 가르침은 현대사회에서 우리가 잃어버리기 쉬운 인간 본연의 가치와 공동체적 삶의 중요성을 다시 일깨워 줍니다. 나의 빛을 밝히고, 그 빛을 타인과 나누며, 궁극적인 선을 향해 나아가는 것. 이것이 바로 우리가 오늘날 『대학』에서 찾아야 할 지혜가 아닐까요?

나를 향한 질문

- 나는 지금 나의 밝은 덕을 밝히기 위해 어떤 노력을 하고 있는가?
- 나의 성장이 주변 사람들과 공동체에 어떤 긍정적인 영향을 미치고 있는가?

실천 과제

- 오늘 하루, 나의 내면의 목소리에 귀 기울이는 시간을 10분이라
  도 가져보자. (예: 명상, 일기쓰기)
- 내가 가진 지식이나 경험을 누군가에게 기꺼이 나눠주고, 그들
  의 성장을 돕는 작은 행동을 실천해보자.

명명덕明明德,
스스로 본성을 깨닫는 과정

康誥曰 克明德.

강고왈 극명덕.

太甲曰 顧諟天之明命.

태갑왈 고시천지명명.

帝典曰 克明峻德. 皆自明也.

제전왈 극명준덕. 개자명야.

"『서경書經』「강고康誥」에 이르기를, '덕을 밝히는 데 힘을 지니라.' 하였다.

『서경』「태갑太甲」에 이르기를,

'하늘의 밝은 명命을 되돌아보고 살피라.' 하였다.

『서경』「요전堯典」에 이르기를, '높고 밝은 덕을 능히 드러내라.' 하였다.

이 모두 '밝힘(明)'에서 비롯된 것이다."

원문 풀이

　이 구절은 앞서 언급된 "밝은 덕을 밝힌다(明明德)"는 개념이 단순
한 유교적 가르침이 아니라 고대부터 이어져 온 인류 보편의 지혜

임을 강조한다. 「강고」, 「태갑」, 「제전」이라는 세 편의 경전에서 인용된 문구들을 통해 '스스로의 덕을 밝히는 것'이 얼마나 중요한 덕목인지를 거듭 확인시켜 주며, 이는 시대를 초월한 자기성찰과 본성 회복의 중요성을 말해준다.

이 장은 『대학』의 첫 번째 강령인 '명명덕明明德'에 대한 심도 깊은 해설을 담고 있다. "밝은 덕을 밝힌다"는 것이 곧 우리 각자의 본성을 스스로 깨닫고 실현하는 과정임을 고대 문헌의 인용을 통해 증명한다.

克明德 극명덕 : "능히 덕을 밝힌다"는 뜻이다. 이는 타고난 덕성을 적극적으로 깨닫고 드러내는 능동적인 행위를 강조한다.

顧諟天之明命 고시천지명명 : "하늘이 준 밝은 명을 항상 살펴보라"는 뜻이다. 여기서 '천지명명天之明命'은 하늘이 우리에게 부여한 본래의 밝고 선한 본성(明德)을 의미한다. 이를 늘 마음에 두고 살펴본다는 것은, 외부의 욕심이나 환경에 의해 흐려지지 않도록 끊임없이 자기성찰을 해야 함을 역설한다.

克明峻德 극명준덕 : "능히 큰 덕을 밝힌다"는 뜻이다. '준峻'은 크고 높음을 의미하며, 이는 단순히 개인적인 덕을 넘어 위대하고 광범위한 덕성을 밝히는 것을 의미한다.

이 세 구절은 결국 한 가지로 귀결된다. '皆自明也 개자명야', 즉 모두 스스로의 덕을 밝히는 것을 말한다는 것이다. 이는 '명명덕'이 타인에 의한 강요나 외부적 요인에 의해 얻어지는 것이 아니라 오로지 자기 자신의 의지와 노력을 통해 이루어짐을 강조한다.

핵심개념은 자주적인 본성 회복(克明德), 지속적인 자기 성찰(顧諟
天之明命), 그리고 궁극적인 덕성 실현(克明峻德)이다. 이 모든 과정이
'스스로부터 시작됨(皆自明也)'을 역설하고 있음이다.

21세기 시선으로 보는 해석

지금의 시대까지 살아남아 전하는 고전의 가르침은 현대인의 삶
에도 매우 깊은 통찰을 제공한다. 특히 자기주도성, 진정성, 그리고
끊임없는 자기계발의 중요성과 연결된다.

克明德극명덕**은 현대의 '자기주도적 학습과 성장'이다.**
우리는 교육시스템이나 외부의 강압에 의해 지식을 주입받는 데
익숙하지만, 진정한 성장은 스스로 문제의식을 가지고 답을 찾아나
가는 능동적인 과정에서 비롯된다. 이는 평생학습, 주도적인 커리
어 개발, 그리고 개인 브랜딩에 필수적인 요소다. 단순히 아는 것을
넘어, '할 수 있는(克)' 힘을 길러 나의 잠재력을 최대한 발휘하는 것
이다.

顧諟天之明命고시천지명명**은 자기인식과 마음 챙김(Mindfulness)이다.**
바쁜 일상 속에서 우리는 자신의 감정이나 생각, 행동의 본질을
놓치기 쉽다. 하늘이 준 밝은 본성을 늘 살펴보는 것은, 곧 자신의

내면을 꾸준히 들여다보고, 오염된 생각이나 불필요한 감정으로부터 자신을 보호하는 행위다. 이는 정서적 안정, 스트레스 관리, 그리고 진정한 자기 이해의 기반이 된다.

克明峻德극명준덕**은 리더십과 사회적 책임이다.**

단순히 개인적인 성공을 넘어, 자신의 영향력을 통해 공동체 전체에 긍정적인 파급 효과를 만들어내는 것을 의미한다. '큰 덕'을 밝힌다는 것은, 내가 가진 능력과 지혜를 활용하여 주변 사람들에게 선한 영향력을 행사하고, 더 나은 사회를 만드는 데 기여하는 윤리적 리더십을 발휘하는 것이다.

皆自明也개자명야**는 '진정성**(Authenticity)**과 내적 동기'이다.**

외부의 시선이나 강요에 의해 억지로 꾸며낸 모습이 아니라 스스로의 본성과 가치에 기반 하여 삶을 살아가라는 메시지다. 진정한 변화와 성장은 외부의 요인이 아닌 내면에서 우러나오는 자발적인 동기에서 시작된다. 이는 개인의 행복과 만족감, 그리고 지속 가능한 성장의 핵심이다.

단산의 대학 강의

고요한 새벽, 거울에 비친 내 모습을 한참 바라봅니다. 어둠 속에 희미하게 빛나는 그 모습은, 마치 내 안 깊은 곳에 자리한 본래의 밝은 빛과도 같습니다. 『대학』은 우리가 그 빛을 "스스로 밝혀야 한다"고 말하며, 그 증거로 고대의 현자들이 남긴 깊은 지혜들을 인용합니다.

"康誥曰 克明德. 太甲曰 顧諟天之明命. 帝典曰 克明峻德. 皆自明也. 강고왈, 극명덕. 태갑왈, 고시천지명명. 제전왈, 극명준덕. 개자명야."

이 짧은 구절들은 시대를 초월하여 우리의 본질적인 질문, "나는 누구이며, 어떻게 살아야 하는가?"에 대한 답을 제시합니다.

'극명덕克明德', 즉 능히 나의 덕을 밝힌다는 것은 단순히 착한 사람이 되는 것을 넘어섭니다. 그것은 나의 잠재력을 믿고, 스스로의 의지로 한계를 뛰어넘어 나만의 빛을 발휘하는 주체적인 삶의 자세를 의미합니다.

저는 한때 외부의 기준에 갇혀 제 본연의 색깔을 잃어버렸던 적이 있습니다. 하지만 제 안의 진정한 목소리에 귀 기울이고, 스스로 배우고 성장하는 과정을 거치면서 비로소 저만의 '덕'을 '능히' 밝힐 수 있음을 깨달았습니다.

하늘이 준 밝은 명을 늘 살펴보라는 가르침(顧諟天之明命)은 오늘날의 '마음 챙김(Mindfulness)'과도 맞닿아 있습니다.

바쁘고 혼란스러운 일상 속에서 우리는 쉽게 자신을 잃어버립니다. 충동적인 감정에 휩쓸리거나 외부의 자극에 쉽게 흔들리기도 합니다. 하지만 고요히 앉아 나의 내면을 들여다보고, 본래의 순수하고 밝은 본성을 잊지 않으려 노력할 때, 우리는 비로소 평온과 지혜를 찾을 수 있습니다. 이는 마치 밤하늘의 별이 언제나 그 자리에 있듯이, 나의 본성 또한 항상 그곳에 있음을 깨닫는 과정입니다.

궁극적으로 우리는 크고 위대한 덕을 밝혀야 합니다(克明峻德). 이는 나의 작은 빛이 주변으로 퍼져나가 세상을 밝히는 등대가 되는 것을 의미합니다. 한 개인의 성장이 단순히 개인적인 만족을 넘어, 가족, 공동체, 나아가 인류 전체에 긍정적인 영향을 미칠 때 진정한 의미를 갖습니다. 저 또한 제가 가진 작은 능력이 누군가에게 영감이 되고, 사회에 선한 영향력을 미칠 수 있기를 바랍니다.

그리고 이 모든 과정의 핵심은 스스로 밝히는 것에 있습니다(皆自明也). 누군가가 나에게 빛을 주거나 나의 덕을 대신 밝혀줄 수는 없습니다. 오직 나 자신만이 나의 내면에 존재하는 밝은 덕을 발견하고, 그것을 세상에 드러낼 수 있습니다. 이 자발적인 깨달음과 실천이야말로 『대학』이 전하고자 하는 가장 강력한 메시지이며, 현대사회를 살아가는 우리에게 진정한 의미와 방향을 제시하는 근본적인 지혜라고 할 수 있습니다.

나를 향한 질문

- 당신은 당신 내면의 '밝은 덕'을 밝히기 위해 어떤 노력을 하고 있는가? 그 과정에서 외부의 시선이 아닌, '스스로'의 의지로 시작한 경험이 있는가?
- '하늘이 준 밝은 명'을 늘 살피는 것처럼 당신의 일상 속에서 자신을 돌아보고 내면을 정화하는 시간은 얼마나 가지고 있는가?

실천 과제

- 이번 주에 당신이 평소에 미루어왔던, 하지만 당신의 성장에 필수적이라고 생각하는 작은 행동 하나를 '스스로의 의지로' 시작해보자. (예: 매일 10분 동안 독서하기, 새로운 기술 배우기.)
- 하루를 마칠 때, 오늘 하루 동안 당신의 마음이 얼마나 '밝게' 유지되었는지, 그리고 어떤 순간에 '흐려졌는지'를 잠시 성찰해 보는 시간을 가져보자.

CHAPTER 2

진정한 지혜를 얻는 길

치지致知와 격물格物,
지극한 앎에 이르는 길

言欲致吾之知, 在卽物而窮其理也.

언욕치오지지, 재즉물이궁기리야.

物格而後知至, 知至而後意誠, 意誠而後心正, 心正而後身修,

물격이후지지, 지지이후의성, 의성이후심정, 심정이후신수,

身修而後家齊, 家齊而後國治, 國治而後天下平.

신수이후가제, 가제이후국치, 국치이후천하평.

"내 지식을 완전히 이루고자 한다면,

사물에 나아가 그 이치를 끝까지 탐구해야 한다.

사물의 이치가 궁구된 뒤에야 지식이 온전해지고,

지식이 온전해진 뒤에야 뜻이 성실해지며,

뜻이 성실해진 뒤에야 마음이 바르게 되고,

마음이 바르게 된 뒤에야 몸이 닦이고,

몸이 닦인 뒤에야 집이 가지런해지며,

집이 가지런해진 뒤에야 나라가 다스려지고,

나라가 다스려진 뒤에야 천하가 평안해진다."

원문 풀이

이 장은 '치지致知'와 '격물格物'이라는 개념을 상세히 설명하며, 우리가 어떻게 진정한 앎, 즉 '지극한 앎(知之至)'에 도달할 수 있는지를 밝히고 있다. 즉 "앎을 지극히 하는 것이 사물의 이치를 궁구하는 데 있다"는 것은 우리의 지식을 최고 수준으로 끌어올리는 것을 의미하고, 피상적인 지식이 아니라 사물의 본질을 꿰뚫는 깊이 있는 앎을 추구한다.

이는 현대인이 추구해야 할 깊이 있는 학습과 통찰력의 본질을 제시한다.

言欲致吾之知 在卽物 而窮其理也 언욕치오지지 재즉물 이궁기리야 : 이는 지식을 확장하는 방법론을 제시한다. 모든 지식은 단순히 머릿속으로 생각하는 것이 아니라 현실 세계의 사물과 현상을 직접 대하고 탐구하는 과정을 통해 얻어진다는 것이다.

蓋人心之靈 莫不有知 而天下之物 莫不有理 惟於理 有未窮 故其知有不盡也 개인심지령 막불유지 이천하지물 막불유리 유어리 유미궁 고기지유부진야 : 인간은 본래 사물을 인식하고 아는 능력(知)을 가지고 있으며, 세상의 모든 사물에는 본연의 이치(理)가 내재되어 있다는 전제를 깔고 있다. 문제는 우리가 그 이치를 끝까지 파고들지 못하기 때문에 우리의 앎이 완전하지 못하다는 것이다.

是以 大學始敎 必使學者 卽凡天下之物 莫不因其已知之理 而益窮之 以求至乎其極 시이 대학시교 필사학자 즉범천하지물 막불인기이지지리 이익궁지 이구지호기극 : 학문의 시작은 이미 알고 있는 것에서 출발하여, 그것을 바

탕으로 미지의 영역을 확장해 나가는 점진적인 과정임을 설명한다.

至於 用力之久 而一旦豁然貫通焉 則衆物之表裏精粗 無不到, 而吾心 之全體大用 無不明矣 지어 용력지구 이일단활연관통언 즉중물지표리정조 무불도, 이 오심지전체대용 무불명의 : 꾸준한 탐구와 노력이 쌓이면 어느 한순간에 깨달음이 터져(豁然貫通) 사물의 모든 본질을 꿰뚫어 볼 수 있게 되 며, 동시에 자신의 마음 또한 완전히 밝아져 지식과 실천이 하나가 되는 경지에 이름(全體大用 無不明)을 설명한다.

此謂物格 此謂知之至也 차위물격 차위지지지야 : 사물의 이치를 완전히 깨달아 '물격物格'의 상태에 이르렀을 때 비로소 '치지致知', 즉 앎이 지극한 경지에 도달하게 됨을 다시 한 번 강조한다.

이 장의 핵심개념은 경험을 통한 지식 확장, 지식의 본질과 한계 인식, 점진적인 탐구와 노력, 순간적인 깨달음과 통찰, 그리고 객관 적 지식과 주관적 마음의 합일이다.

21세기 시선으로 보는 해석

'격물치지'는 현대사회에서 우리가 추구해야 할 탐구정신, 문제 해결 능력, 그리고 진정한 통찰력의 본질을 제시한다. 이는 단순히 학문적 지식을 넘어, 실생활과 업무에서 필요한 핵심 역량과 깊이 연결된다.

사물에 나아가 그 이치를 궁구한다.(卽物而窮其理)

'실증적 탐구와 현장 중심 학습'이다. 단순히 책상에 앉아 이론만 공부하는 것이 아니라 현장에 직접 뛰어들어 데이터를 수집하고, 실험하며, 다양한 관점에서 문제를 분석하는 태도를 의미한다. 이는 데이터 과학, 현장실습, 문제 기반 학습(PBL) 등 현대 교육 및 연구방법론의 근간을 이룬다. 탁월한 기업가들이 현장에서 고객의 목소리에 귀 기울이는 것과 같다.

오직 이치를 끝까지 궁구하지 못하므로 그 앎이 다하지 못한 것이다.(唯不得窮究於理，故其知未能盡也)

'지식의 겸손함과 깊이 있는 탐구의 중요성'이다. 우리는 종종 피상적인 정보나 단편적인 지식을 '앎'으로 착각한다. 격물치지는 우리가 아는 것이 전부가 아니며, 진정한 앎에 도달하기 위해서는 끊임없이 파고들고 의문을 제기해야 함을 상기시킨다. 이는 비판적 사고, 심층 분석, 그리고 고정관념 타파로 이어진다.

노력하는 것이 오래되어 한순간에 활연히 꿰뚫어 통하게 된다.(用力之久而一旦豁然貫通焉)

'집요한 노력과 아하(Aha!) 모멘트'이다. 어떤 문제나 기술에 대해 오랜 시간 몰입하여 탐구하다 보면, 어느 순간 갑자기 모든 것이 명확해지는 경험을 한다. 이는 단순히 운이 아니라 꾸준한 노력과 축적된 경험이 만들어내는 통찰의 순간이다. 이는 꾸준한 연습, 전문가의 경지 도달, 그리고 창의적 문제해결 과정에서 나타난다.

모든 사물의 겉과 속, 정교함과 거침이 이르지 않는 곳이 없고, 내 마음

의 전체적인 체용과 큰 작용이 밝아지지 않음이 없을 것이다.(則萬物之表裏精粗，無不至焉；而吾心之全體大用，無不明焉)

'통합적 사고와 전인적 성장'이다. 진정한 앎은 단순히 객관적인 지식을 쌓는 것을 넘어, 그 지식이 나의 생각과 행동, 삶 전체에 통합되어 나의 인격과 역량을 완성시키는 것을 의미한다. 이는 지식과 실천의 일치, 균형 잡힌 시각, 그리고 전인적인 리더십으로 이어진다.

단산의 대학 강의

우리는 매일같이 새로운 정보와 지식의 파도를 마주합니다. 유튜브 영상 몇 편, 뉴스 기사 몇 줄, 혹은 짧은 강의만으로 '다 안다'고 착각하기 쉽습니다. 하지만 『대학』은 진정한 앎이 무엇인지, 그리고 그 앎에 도달하기 위한 여정이 얼마나 깊고 지난한지를 이야기합니다.

앎을 지극히 하는 것이 사물의 이치를 궁구하는 데 있다(所謂致知在格物者 言欲致吾之知 在卽物而窮其理也)는 이 가르침은, 피상적인 지식 습득을 넘어선 탐구자의 자세를 우리에게 요구합니다.

생각해 보면, 우리 마음의 신령함은 앎이 있지 않음이 없고, 세상의 모든 사물에는 본연의 이치가 내재되어 있습니다. 마치 스마트폰 앱을 사용할 때 우리는 그 기능은 알지만, 그 앱이 어떤 코드로 어떻게 작동하는지(이치)는 모르는 것과 같습니다. 우리가 아는 것이 얕은 이유는 바로 그 '이치'를 끝까지 파고들지 않았기 때문입니다.

진정한 '격물格物'은 단순히 겉모습을 보는 것이 아니라 그 본질과 원리를 파헤치는 깊이 있는 탐구입니다. 예를 들어, 인공지능에 대해 공부할 때 단순히 사용법을 익히는 것을 넘어, 그 알고리즘의 원리, 데이터 처리 방식, 윤리적 문제까지 다각도로 파고드는 것이 진정한 격물의 태도일 것입니다.

이 과정은 결코 단숨에 이루어지지 않습니다. 『대학』은 "노력하는 것이 오래되어 한순간에 활연히 꿰뚫어 통하게 된다(用力之久而一旦 豁然貫通焉)"고 말합니다. 이는 마라톤처럼 꾸준하고 집요한 노력이 쌓이고 쌓여, 어느 날 문득 모든 퍼즐 조각이 맞춰지듯 '아하! 모멘트Aha! Moment'를 경험하게 된다는 것입니다.

저는 오랫동안 해결되지 않던 코딩 문제를 며칠 밤낮으로 붙잡고 씨름하다가, 잠시 산책을 나갔을 때 갑자기 해결책이 번뜩 떠올랐던 경험이 있습니다. 그 순간은 단지 문제해결을 넘어, 저의 인식이 확장되는 놀라운 경험이었습니다.

이렇게 '활연히 꿰뚫어 통하게' 되면, 우리는 비로소 "모든 사물의 겉과 속, 정교함과 거침이 이르지 않는 곳이 없고, 내 마음의 전체적인 체용과 큰 작용이 밝아지지 않음이 없을 것(衆物之表裏精粗 無不到 而吾心之全體大用 無不明矣)"이라고 합니다. 이는 외부 세계에 대한 지식과 내면의 깨달음이 하나로 합쳐지는 경지입니다. 세상의 이치를 아는 것이 곧 나 자신의 마음을 아는 것이 되고, 아는 것을 삶 속에서 실천하며 나의 모든 역량을 발휘할 수 있게 되는 것입니다.

결국 "이것이 사물이 격해졌다고 하고, 이것을 앎이 지극해졌다고 한다(此謂物格 此謂知之至也)"는 이 문장은, 우리가 목표로 해야 할 진정한 앎의 경지를 명확히 제시합니다. 단순한 정보의 축적이 아닌, 사물의 본질을 꿰뚫고 나의 마음과 행동으로 통합되는 전인적인 지혜를 추구할 때, 우리는 비로소 삶의 깊은 의미를 이해하고 진정한 성장을 이룰 수 있을 것입니다.

나를 향한 질문

- 당신이 현재 알고 있다고 생각하는 지식 중, '겉과 속, 정교함과 거침'까지 '끝까지 궁구'하여 '활연히 꿰뚫어 통하게' 된 경험이 있는가?
- 당신은 평소 어떤 문제에 직면했을 때, 그 문제의 '본질적인 이치'를 파악하기 위해 어떤 노력을 기울이는가?

실천 과제

- 이번 주, 당신이 평소 궁금했지만 깊이 파고들어 본 적 없는 주제나 기술 하나를 정하여, 관련 서적이나 논문, 심층 보고서 등을 찾아 '격물格物'하는 시간을 2시간 이상 가져보자.
- 당신이 반복적으로 저지르는 실수가 있다면, 그 실수의 표면적인 이유를 넘어, 당신의 습관, 생각 방식, 혹은 주변환경 등 근본적인 '이치'를 찾아내고 개선 방안을 모색해보자.

'본말本末'의 지혜

子曰, 聽訟 吾猶人也. 必也使無訟乎.

자왈, 청송 오유인야. 필야사무송호.

無情者 不得盡其辭, 大畏民志. 此謂知本.

무정장 부득진기사 대외민지. 차위지본.

"공자께서 말씀하셨다.

송사를 판단하는 일은 나도 남들과 다르지 않다.

그러나 참으로 중요한 것은 송사가 없게 만드는 것이다.

사리에 어두운 자는 그 말이 끝까지 통하지 못하고,

군주는 백성의 마음을 두려워해야 한다.

이것이 바로 지혜의 근본이다."

원문 풀이

이 장은 『대학』의 핵심 사상인 '본말本末'의 개념을 구체적인 사례를 통해 설명한다. '본本'은 근본이 되는 것, '말末'은 그로부터 파생되는 현상이나 지엽적인 것을 의미하며, 진정한 지혜는 이 본말의 선후先後를 아는 데 있다는 메시지를 전달한다.

이는 현대사회를 살아가는 우리가 문제의 표면이 아닌 본질에 집중해야 하는 이유를 명확히 제시한다.

子曰, 聽訟 吾猶人也 자왈 청송 오유인야 : 이는 공자 자신도 송사를 심판하는 능력에서는 다른 사람들과 크게 다르지 않음을 겸손하게 표현한 것이다. 즉 표면적인 문제해결 능력은 누구나 갖출 수 있다는 의미다.

必也使無訟乎 필야사무송호 : 공자의 진정한 목표는 송사를 잘 해결하는 것에 그치지 않고, 아예 송사 자체가 발생하지 않도록 근본적인 사회 시스템과 사람들의 의식을 변화시키는 것임을 드러낸다.

無情者 不得盡其辭 무정자 부득진기사 : '무정無情'은 '실체가 없는(無實)' 또는 '진실하지 못한' 것을 의미한다. 송사의 근본 원인인 거짓과 기만을 근절하여, 진실하지 않은 주장이 발붙일 수 없게 만든다는 뜻이다. 이는 사회의 정의와 도덕성을 바로 세우는 것을 의미한다.

大畏民志 대외민지 : 백성들이 정의와 진실을 존중하고, 부당한 행위를 두려워하며, 자발적으로 올바른 길을 따르도록 마음을 움직이는 것을 의미한다. 이는 통치자의 '명명덕明明德'과 '신민新民'이 이루어졌을 때 가능하며, 백성의 마음이 스스로 바르게 됨으로써 송사가 자연스럽게 사라지게 된다. 즉 법의 강제력이 아닌 도덕적 감화를 통해 사회 질서를 확립하는 것이다.

此謂知本 차위지본 : 송사가 발생했을 때 사후적으로 해결하는 것이 '말末'이라면, 송사 자체가 발생하지 않도록 백성의 마음을 바르게 이끌고 사회의 도덕성을 확립하는 것이 '본本'임을 강조한다. 진정한 지혜는 문제의 현상이 아닌 그 근본 원인을 파악하고 해결하는

데 있음을 밝힌다.

핵심개념은 문제의 근본 원인 파악(知本), 사후처리보다 사전예방 중시(使無訟), 도덕적 감화를 통한 사회변화(大畏民志), 그리고 진정성과 정의 구현(無情者不得盡其辭)이다.

21세기 시선으로 보는 해석

이 구절은 현대사회에서 우리가 직면하는 수많은 문제들에 대한 본질적인 접근 방식과 예방적 문제해결 능력의 중요성을 일깨워준다. 이는 비즈니스, 개인관계, 사회정책 등 다양한 영역에 적용될 수 있는 심오한 통찰을 제공한다.

송사를 듣는 것은 남들과 다르지 않다.

'표면적 문제해결의 한계'를 지적한다. 현대사회는 문제발생 시 기술적, 법적 해결책을 제시하는 데 능숙하다.

하지만 공자는 그런 사후처리만으로는 진정한 해결이 불가능하며, 더 근본적인 접근이 필요하다고 말한다. 이는 증상 치료가 아닌 원인 치료의 중요성을 강조한다.

반드시 송사가 없게 하는 것

'예방적 시스템 구축과 문화 혁신'이다. 기업에서는 갈등발생 후 처리보다 사전예방을 위한 투명한 소통채널과 합리적인 의사결정

시스템을 구축하는 것이 중요한다. 사회적으로도 범죄 발생 후 처벌 강화보다 빈곤, 교육 불균형 등 범죄의 근본 원인을 해결하는 정책에 집중하는 것이 '송사 없는 사회'를 만드는 길이다. 이는 리스크 관리, 선제적 대응, 그리고 조직문화 개선과 연결된다.

실상이 없는 자는 그 말을 다하지 못하게 하고, 백성들의 뜻을 크게 두렵게 만드는 것

'진정성에 기반한 신뢰 구축과 윤리 경영'이다. 가짜뉴스, 허위정보, 그리고 기만적인 마케팅이 난무하는 현대사회에서 진실과 신뢰는 더욱 중요해진다.

기업이 고객을 속이지 않고 투명하게 운영하며, 리더가 진정성 있는 모습을 보일 때 구성원들의 자발적인 존경과 신뢰를 얻을 수 있다. 이는 ESG경영, 투명한 커뮤니케이션, 그리고 윤리적 리더십의 핵심이다. 백성들의 마음이 자발적으로 올바른 방향으로 움직이게 하는 것은, 강제적 통제보다 훨씬 강력한 힘을 발휘한다.

이것이 바로 근본을 아는 것이다

'본질 중심 사고'와 '전략적 통찰력'을 뜻한다. 문제의 지엽적인 부분에 매몰되지 않고, 그 이면에 있는 근본 원인과 핵심가치를 꿰뚫어 보는 능력은 성공적인 리더와 조직에게 필수적이다. 이는 시스템 사고, 문제의 본질 파악, 그리고 장기적인 비전 설정으로 이어진다.

단산의 대학 강의

　우리는 살면서 수많은 문제와 갈등에 직면합니다. 직장에서의 동료와의 불화, 가족 간의 오해, 혹은 사회 곳곳에서 벌어지는 크고 작은 다툼들. 우리는 이러한 문제들을 해결하기 위해 변호사를 찾거나, 중재자를 세우거나, 때로는 법정에 서기도 합니다.

　공자께서 말씀하시길, 송사를 듣는 능력은 자신도 남들과 크게 다르지 않다(聽訟 吾猶人也)고 하셨습니다. 이는 표면적인 문제해결 능력은 어느 정도 갖출 수 있음을 인정하는 말씀이죠.

　그러나 공자의 진정한 지혜는 다음 구절에 있습니다. "**必也使無訟乎** 필야사무송호, 반드시 송사가 없게 하는 것"이 목표라는 말씀입니다. 단순히 싸움을 잘 해결하는 것이 아니라 아예 싸움 자체가 일어나지 않도록 만드는 것이 진정한 리더의 역할이자 궁극적인 목표라는 것입니다. 이는 오늘날 우리가 겪는 수많은 문제들, 예를 들어 조직 내 갈등이나 사회적 분열에 대해 깊이 성찰하게 만듭니다. 우리는 갈등이 발생했을 때 사후적으로 해결하는 데만 급급하지 않았는가? 근본적인 원인을 찾아내어 재발을 방지하는 노력은 얼마나 기울였는가?

　공자는 송사가 없게 하는 방법으로 "**無情者不得盡其辭 大畏民志** 무정자부득진기사 대외민지"를 제시합니다. "진실이 없는 자는 그 말을 다하지 못하게 하고, 백성들의 뜻을 크게 두렵게 만든다"는 것입니다. 여기서 '두렵게 한다'는 것은 강압적인 힘으로 억누르는 것이 아니라 도덕적인 권위와 신뢰를 통해 백성들의 마음을 움직이는 것을 의미합니다. 사회의 정의가 바로 서고, 사람들이 거짓과 편법을 부끄러워하며, 서로를 존중하고 신뢰하는 문화가 조성될 때, 불필요한 분쟁은 자연스럽게 사라집니다. 이는 리더의 솔선수범과 진정성이 얼마나 중요한지를 보여주는 대목입니다. 리더가 스스로 명명덕明明德을 실현하여 백성들이 자발적으로 그 덕을 본받게 할 때, 비로소 진정한 평화가 찾아옵니다.

공자는 이러한 과정을 "차위지본此謂知本, 이것이 바로 근본을 아는 것"이라고 단언합니다. 눈앞의 현상에만 집착하지 않고, 그 현상을 만들어내는 근본적인 원인과 구조를 이해하며 해결하려 노력하는 것이 바로 진정한 지혜라는 것입니다. 기업에서 끊임없이 발생하는 고객의 불만에 대해 단순히 개별적인 불만을 처리하는 것을 넘어, 서비스 시스템 자체를 개선하거나 직원들의 고객 응대 태도를 근본적으로 변화시키는 것이 '본本'을 아는 접근 방식일 것입니다.

『대학』의 이 가르침은 우리에게 끊임없이 질문을 던집니다. 당신이 해결하려는 문제의 '본本'은 무엇인가? 당신은 겉으로 드러난 현상에만 매달리고 있지는 않은가? 근본을 알 때 비로소 진정한 평화와 지속가능한 해결책을 찾을 수 있음을 잊지 말아야 합니다.

나를 향한 질문

- 당신이 현재 해결하려 노력하는 문제나 갈등이 있다면, 그 문제의 표면적인 현상(末)이 아닌 진정한 근본 원인(本)은 무엇이라고 생각하는가?

– 당신은 어떤 상황에서 '법의 강제력'보다는 '도덕적 감화'나 '진정성'을 통해 사람들의 마음을 움직이고 변화를 이끌어낸 경험이 있는가?

실천 과제

– 이번 한 주 동안, 당신이 직면한 문제 중 하나를 선정하여 '송사가 없게 하는' 마음으로 예방적이고 근본적인 해결책을 모색해보자. (예: 반복되는 업무 실수에 대해 개인의 부주의가 아닌 시스템적 원인 분석 및 개선.)
– 당신이 속한 조직이나 관계에서 불화나 오해가 발생했을 때, 섣부른 판단이나 비난 대신, 상대방의 진정한 의도와 마음(情)을 이해하려 노력하는 대화를 시도해보자.

'명명덕明明德, 신민新民, 지어지선止於至善'의 실현을 위한 구체적인 방법론

❖

知止而后有定, 定而后能靜, 靜而后能安, 安而后能慮, 慮而后能得.

지지이후유정, 정이후능정, 정이후능안, 안이후능려, 여이후능득.

物有本末, 事有終始, 知所先後, 則近道矣.

물유본말, 사유종시, 지소선후, 즉근도의.

"멈출 바를 아는 뒤에야 안정할 수 있고, 안정한 뒤에야 고요할 수 있으며,

고요한 뒤에야 편안할 수 있고, 편안한 뒤에야 깊이 생각할 수 있으며,

깊이 생각한 뒤에야 얻을 수 있다.

만물에는 근본과 말단이 있고, 일에는 시작과 끝이 있다.

무엇을 먼저 하고 무엇을 나중에 해야 하는지를 안다면,

곧 도道에 가까워진다."

원문 풀이

이 구절들은 우리가 삶의 혼돈 속에서 길을 잃지 않고, 내면의 평

화를 찾아 궁극적인 깨달음에 이르는 과정을 명확하게 제시한다. 무엇에 멈춰야 할지 아는 것부터 시작해서 모든 일에 근본과 말단이 있고 시작과 끝이 있음을 아는 지혜까지, 이 가르침은 현대인의 삶에도 깊은 울림을 준다.

이 구절들은 『대학』의 핵심 강령인 '명명덕, 신민, 지어지선'을 실현하기 위한 구체적인 방법론을 제시하고 있다.

知止而后有定 定而后能靜 靜而后能安 安而后能慮 慮而后能得 지지이후유정 정이후능정 정이후능안 안이후능려 여이후능득 : 지止는 '지극한 선(至善)'이라는 최종 목표, 즉 멈춰야 할 곳을 명확히 아는 것이며, 정定은 목표를 알기에 흔들림 없이 마음이 정해지는 상태를 말한다. 정靜은 마음이 정해졌기에 외물의 유혹에 흔들리지 않고 고요한 상태를 의미하고, 안安은 고요함 속에서 마음이 평온하고 안정된 상태를 뜻하며, 려慮는 평안함 속에서 사리를 깊고 정밀하게 고찰하는 것을 말한다.

득得은 깊은 고찰을 통해 지극한 선에 도달하고 깨달음을 얻는 것을 의미한다.

物有本末 事有終始 知所先後 則近道矣 물유본말 사유종시 지소선후 즉근도의 : 본말本末은 근본과 말단, 즉 중요한 것과 덜 중요한 것을 구분하는 지혜를 말한다. 여기서는 '명명덕'이 본(本)이고 '신민'이 말(末)이 된다.

종시終始는 시작과 끝을 아는 것이다. '지止'가 시작(始)이고 '득得'이 끝(終)이 된다.

知所先後 지소선후는 어떤 것을 먼저 하고 어떤 것을 나중에 해야

할지 순서를 아는 것을 강조한다.

핵심개념은 목표 설정과 집중, 내면의 평화, 깊이 있는 사유, 깨달음의 획득(慮而后能得), 그리고 우선순위의 지혜(知所先後)이다.

21세기 시선으로 보는 해석

이 구절들은 현대인의 삶에 필수적인 자기관리, 목표설정, 스트레스 관리, 문제해결 능력과 깊이 연결된다.

지지知止는 현대의 '명확한 목표 설정'이다.

우리는 수많은 정보와 선택지 속에서 무엇을 해야 할지, 어디로 가야 할지 혼란스러워한다. 지지는 바로 이 혼돈 속에서 나침반 역할을 해 줄 나만의 '지향점'을 찾는 것이다. 그것은 개인의 가치관이 될 수도 있고, 직업적 목표나 인생의 비전이 될 수도 있다. 목표가 명확해야만 에너지를 한 곳에 모을 수 있다.

- '정, 정, 안, 려, 득'은 '단계별 성장과 심화'를 의미한다.
- '정定'은 확고한 의지와 몰입을 뜻한다. 목표가 정해지면 마음이 흔들리지 않고 한 곳에 집중할 수 있다.
- '정靜'은 마음 챙김(Mindfulness)과 스트레스 관리다. 외부 자극에 동요하지 않고 내면의 고요함을 유지하는 능력은 복잡한 현대 사회에서 필수적이다.
- '안安'은 심리적 안정감이다. 내면이 평온해야 진정으로 편안함

을 느끼고, 창의적인 사고를 할 수 있는 기반이 마련된다.

- '려慮'는 비판적 사고와 문제해결 능력이다. 안정된 마음 상태에서야 비로소 현상을 깊이 분석하고, 본질을 꿰뚫는 통찰력을 발휘할 수 있다.
- '득得'은 성과 달성과 깨달음이다. 앞선 모든 과정이 축적되어 비로소 원하는 것을 얻고, 더 나아가 인생의 깊은 지혜를 깨닫게 되는 것이다.

만물에는 근본과 말단이 있고, 일에는 시작과 끝이 있다.

'우선순위 설정과 효율적 시간관리'를 말함이다.

우리는 동시다발적으로 발생하는 수많은 일과 관계 속에서 길을 잃기 쉽다. 이 가르침은 모든 일에 중요도와 순서가 있음을 인지하고, 핵심에 집중하며 불필요한 것을 걸러내는 지혜를 강조한다. 이는 복잡한 문제를 단순화하고, 제한된 자원을 효율적으로 배분하여 최적의 결과를 이끌어내는 전략적 사고와도 연결된다.

진정으로 중요한 '본本'과 '시작(始)'을 아는 것이야말로 성공적인 삶으로 가는 지름길이다.

단산의 대학 강의

우리는 매일같이 수많은 정보와 선택의 홍수 속에서 살아갑니다. 무엇을 해야 할지, 어디로 가야 할지 끊임없이 고민하며, 때로는 그 혼돈 속에서 길을 잃기도 합니다. 이때 『대학』의 가르침은 명확한 이정표를 제시합니다.

"멈출 곳을 알아야 흔들리지 않고, 흔들리지 않아야 고요하고, 고요해야 편안하며, 편안해야 깊이 생각할 수 있고, 깊이 생각해야 비로소 얻을 수 있다 (知止而后有定 定而后能靜 靜而后能安 安而后能慮 慮而后能得)"는 이 지혜는 우리의 삶을 단계별로 안내합니다.

먼저 가장 중요한 것은 '지지知止', 즉 내가 진정으로 멈춰야 할 곳, 추구해야 할 궁극적인 목표가 무엇인지 아는 것입니다.

나에게 '지극한 선'은 무엇일까요? 안정적인 직업, 행복한 가정, 사회에 기여하는 삶, 혹은 내면의 평화일 수도 있습니다.

저는 오랫동안 다른 사람들의 기대에 맞춰 살았기에, 제가 진정으로 원하는 것이 무엇인지 알기 어려웠습니다. 하지만 멈춰 서서 스스로에게 질문하고 답하는 시간을 가지면서, 저의 '지止'는 '창의적인 글쓰기를 통해 사람들에게 긍정적인 영감을 주는 것'이라는 것을 깨달았습니다.

목표가 명확해지자 신기하게도 마음이 '정定'해지고 흔들림이 줄어들었습니다. 불필요한 일에 에너지를 낭비하지 않게 되었고, 자연스럽게 마음은 '정靜'해졌습니다. 조용한 밤, 복잡한 생각들이 잠잠해지고 내면의 고요함이 찾아왔을 때, 비로소 저는 온전한 '안安'을 느낄 수 있었습니다. 이 편안함 속에서 저는 제가 쓴 글의 방향성, 더 나아가 제 삶의 의미에 대해 깊이 '려慮'할 수 있게 되었고, 마침내 글쓰기를 통한 진정한 '득得', 즉 깨달음과 만족을 얻을 수 있었습니다.

이러한 과정은 "무엇을 먼저 하고 무엇을 나중에 해야 하는지를 안다면, 곧 도道에 가까워진다."라는 또 다른 지혜와도 연결됩니다. 모든 일에 '본말本末', 즉 중요도와 '종시終始', 순서가 있음을 아는 것은 현명한 삶의 필수 조건입니다.

저는 과거에 '말단(末)'에 해당하는 사소한 일에 매달려 '근본(本)'을 놓치곤 했습니다. 예를 들어, 글쓰기의 본질은 깊이 있는 사유와 진정성인데, 저는 SNS 팔로워 수나 '좋아요' 같은 말단적인 것에 집착했던 적이 있습니다.

하지만 '지소선후知所先後', 즉 무엇이 먼저고 무엇이 나중인지 깨닫게 되면서, 진정한 '본本'에 집중하고 저의 '시작始'이 되는 내면의 사유에 더 많은 시간을 투자하게 되었습니다.

이처럼 『대학』의 가르침은 혼란스러운 현대사회에서 우리가 잃어버리기 쉬운 삶의 균형과 지혜를 다시 일깨워 줍니다. 멈출 곳을 알고, 우선순위를 정하고, 내면의 평화를 찾아 깊이 사유한다면, 우리는 진정으로 의미 있는 삶을 살고 궁극적인 깨달음에 다가갈 수 있을 것입니다.

나를 향한 질문

- 당신은 지금 무엇을 위해 멈춰야 할지, 그리고 궁극적으로 무엇을 얻고 싶은지 명확하게 알고 있는가?
- 당신의 삶과 일에서 '본本'과 '말末', '시작(始)'과 '끝(終)'을 제대

로 구분하고 있는가?

실천 과제

- 이번 한 주간, 당신의 가장 중요한 목표(止)를 하나 정하고, 그것에 집중하기 위해 다른 불필요한 활동들을 의식적으로 멈춰보는 시간을 가져보자.
- 하루를 시작하기 전에 그날 해야 할 일들을 '중요도(本末)'와 '순서(終始)'에 따라 정리해보자.

나에서 세상으로 확장되는 지혜

欲明 明德於天下者 先治其國. 國治而后天下平.

욕명 명덕어천하자 선치기국. 국치이후천하평.

欲治其國者 先齊其家. 家齊而后國治.

욕치기국자 선제기가. 가제이후국치.

欲齊其家者 先修其身. 身修而后家齊.

욕제기가자 선수기신. 신수이후가제.

欲修其身者 先正其心. 心正而后身修.

욕수기신자 선정기심. 심정이후신수

欲正其心者 先誠其意. 意誠而后心正.

욕정기심자 선성기의. 의성이후심정.

欲誠其意者 先致其知. 知至而后意誠.

욕성기의자 선치기지. 지지이후의성.

致知 在格物. 物格而后知至.

치지 재격물. 물격이후지지.

"천하에 밝은 덕(明德)을 드러내고자 하는 자는

먼저 그 나라를 다스려야 한다.

나라가 잘 다스려진 뒤에야 천하가 평안해진다.

그 나라를 다스리고자 하는 사람은

먼저 그 집안을 가지런히 해야 한다.

집안이 가지런히 된 뒤에야 나라가 잘 다스려진다.

그 집안을 가지런히 하려는 사람은 먼저 자신의 몸을 닦아야 한다.

몸이 닦여진 뒤에야 집안이 가지런히 된다.

자신의 몸을 닦고자 하는 사람은 먼저 그 마음을 바르게 해야 한다.

마음이 바르게 된 뒤에야 몸이 닦여진다.

그 마음을 바르게 하고자 하는 사람은 먼저 그 뜻을 성실하게 해야 한다.

뜻이 성실해진 뒤에야 마음이 바르게 된다.

그 뜻을 성실히 하려는 사람은 먼저 그 지식을 이르게 해야 한다.

지식이 지극해진 뒤에야 뜻이 성실해진다.

지식을 이룸은 사물에 나아가 그 이치를 궁구하는 데 있다.

사물이 궁구된 뒤에야 지식이 이르게 된다.”

원문 풀이

이 구절은 앞에서 제시된 '명명덕', '신민', '지어지선'이라는 세 가지 강령을 실천하기 위한 구체적인 8단계의 순서(八條目)를 설명한다. 이는 개인의 가장 내밀한 부분에서 시작하여 점차 넓은 세상으로 나아가는 과정이다.

格物 격물 : 사물의 이치를 끝까지 궁구하는 것.
모든 지식과 현상의 근본 원리를 깊이 탐구하는 것이다.

致知 치지 : 사물의 이치를 궁구하여 앎을 지극히 하는 것.

사물의 본질을 명확히 인식하여 올바른 지식을 얻는 것이다.

誠意 성의 : 뜻을 성실히 하는 것.

자기 마음에서 우러나오는 생각을 속이지 않고 진실하게 하는 것이다. 스스로 속이거나 남에게 거짓을 보이지 않는 태도이다.

正心 정심 : 마음을 바르게 하는 것.

뜻이 성실해지면 마음이 정욕에 흔들리지 않고 바르게 된다. 마음의 주인이 되어 편견이나 감정에 치우치지 않는 상태다.

修身 수신 : 몸을 닦는 것.

마음이 바르게 되면 말과 행동이 올바르게 된다. 자기 자신을 올바르게 단련하고 완성하는 과정이다.

『집주集註』에 따르면, 천자로부터 서민에 이르기까지 모든 사람이 수신을 근본으로 삼아야 한다고 강조한다. 이는 어떤 신분이든 자기수양이 가장 중요하며, 자기수양이 흐트러지면 다른 어떤 것도 제대로 될 수 없다는 의미다.

齊家 제가 : 집안을 가지런히 하는 것.

자기 몸이 닦이면 집안의 화목과 질서가 유지된다. 가족과의 관계를 올바르게 하고 가정을 평화롭게 이끄는 것이다.

治國 치국 : 나라를 다스리는 것.

집안이 가지런하면 나라를 잘 다스릴 수 있다. 사회공동체를 올바르게 운영하고 질서를 세우는 것이다.

平天下 평천하 : 천하를 평화롭게 하는 것.

나라가 다스려지면 천하가 평화로워진다. 세계평화와 인류공영에 이바지하는 가장 높은 단계이다.

이 여덟 단계는 서로 긴밀하게 연결되어 있으며, 본本과 말末, 시작(始)과 끝(終)의 관계를 명확히 보여준다. '격물치지성의정심'은 명명덕明明德의 과정이며, '수신'은 그 핵심입니다. '제가치국평천하'는 신민新民의 과정으로, '수신'을 기반으로 외부로 확장되는 것이다. 이 모든 과정은 '지어지선止於至善'이라는 궁극적인 목표를 향해 나아간다.

21세기 시선으로 보는 해석

이 여덟 가지 단계는 현대사회를 살아가는 우리에게 점진적 자기성장과 사회적 영향력 확장이라는 매우 현실적인 지침을 제공한다.

격물치지는 '정보 탐색과 학습 능력'이다.

복잡하고 빠르게 변화하는 현대사회에서 우리는 끊임없이 새로운 지식을 습득하고, 다양한 현상의 본질을 꿰뚫어보는 통찰력을 길러야 한다. 이는 자기주도 학습, 데이터 분석, 비판적 사고와 직결된다. 유튜브, AI 등 수많은 정보의 홍수 속에서 진정한 지혜를 얻기 위해서는 무엇이 본질이고 무엇이 피상적인지 '격물(사물의 이치를 궁구)'하는 자세가 필수적이다.

성의정심은 '정서적 지능(EQ)과 자기인식'이다.

솔직하고 진실된 마음으로 자신을 대하고, 외부의 유혹이나 내면의 불안정함에 흔들리지 않는 단단한 마음을 갖는 것은 현대인의 정신건강에 매우 중요하다. 이는 메타인지, 감정조절, 그리고 자기기만 없는 솔직함으로 이어진다.

자신의 감정과 의도를 제대로 파악하고 다스릴 때 비로소 우리는 진정으로 성숙해질 수 있다.

수신은 '자기관리와 역량 강화'의 핵심이다.

건강한 몸과 바른 마음을 유지하는 것은 개인의 행복뿐 아니라 모든 관계와 성과의 기본이 된다. 규칙적인 생활습관, 꾸준한 자기계발, 그리고 윤리적 책임감을 통해 우리는 자신을 완성해 나간다.

"천자로부터 서민에 이르기까지 모두 수신을 근본으로 삼는다"는 말은, 성공적인 커리어를 쌓든, 행복한 가정을 꾸리든, 사회적 리더가 되든 '나 자신을 다스리는 능력'이 가장 근본적인 경쟁력임을 강조한다.

제가치국평천하는 '영향력의 확장과 사회적 리더십'이다.

자기 자신을 올바로 세운 사람은 비로소 가족, 조직, 나아가 사회 전체에 긍정적인 영향을 미칠 수 있다.

'제가'는 가족 관계에서의 소통과 화합, '치국'은 조직 내에서의 리더십과 문제해결, '평천하'는 글로벌 시민의식과 지속가능한 사회 건설로 해석될 수 있다.

개인의 성장이 사회 전체의 발전으로 이어지는 유기적인 연결고리인 것이다.

단산의 대학 강의

우리는 종종 거창한 꿈을 꾸곤 합니다. 세상을 바꾸고 싶고, 큰 영향력을 발휘하고 싶고, 성공한 삶을 살고 싶다는 열망에 사로잡히기도 합니다.

하지만 『대학』은 그 모든 원대한 포부의 시작점이 다름 아닌 '나 자신'에게 있다고 말합니다. '수신제가치국평천하修身齊家治國平天下'라는 이 고전적인 가르침은, 마치 작은 돌멩이가 던져져 잔잔한 호수에 큰 파문을 일으키듯, 우리의 내면에서부터 시작하여 세상 전체로 퍼져나가는 지혜로운 확장 로드맵을 제시하고 있습니다.

가장 먼저 우리는 '격물치지格物致知'의 단계를 거쳐야 합니다. 이는 단순히 지식을 습득하는 것을 넘어, 세상의 본질과 사물의 이치를 깊이 탐구하는 과정입니다. 복잡한 현대사회에서 수많은 정보의 홍수 속에서 우리는 무엇이 진짜이고 무엇이 가짜인지, 무엇이 중요한지 분별하기 어렵습니다. 이때 격물치지의 정신은 본질을 꿰뚫어 보는 통찰력을 길러주고, 우리가 바른 앎을 얻도록 돕습니다. 마치 정보의 노이즈를 뚫고 진정한 지혜의 빛을 찾는 과정과 같습니다.

앎이 지극해지면 우리는 '성의정심誠意正心'의 단계로 나아갑니다. 이는 우리의 뜻을 성실히 하고 마음을 바르게 하는 것이다. 다른 사람에게 보이기 위한 가식적인 모습이 아니라 내면의 소리에 귀를 기울여 스스로에게 진실하고 정직해지는 것입니다. 자신의 감정과 욕망을 올바르게 인지하고 다스릴 때, 우리의 마음은 흔들림 없이 바르게 설 수 있습니다. 저는 살면서 수없이 타인의 기대에 저를 끼워 맞춰 저의 진정한 의도를 속이곤 했습니다. 하지만 결국 저 자신을 속이는 일은 마음의 혼란과 불안을 가져왔습니다. 진정으로 마음을 바르게 세우는 것은, 나의 빛을 온전히 밝히는 명명덕의 핵심임을 깨닫습니다.

마음이 바르게 되면 비로소 '수신修身'의 단계에 이릅니다. 자기 자신을 올바르게 닦고 완성하는 이 과정은 모든 것의 '본本'이 됩니다. 『대학』이 "自天子 以至於庶人 壹是皆以修身爲本 자천자 이지어서인 일시개이수신위본, 세상을 바르게 하는 길은 반드시 자신을 바르게 하는 것에서 시작된다"라고 강조하듯, 그 어떤 지위나 역할을 맡든 간에 자기 자신을 올바로 세우는 것이 가장 근본적인 토대입니다. 건강한 습관, 윤리적인 태도, 꾸준한 자기계발은 이 수신의 과정이며, 이는 저의 삶의 모든 영역에 긍정적인 영향을 미칩니다.

그리고 수신을 통해 단단해진 개인은 '제가치국평천하 齊家治國平天下'의 단계로 나아가며 자신의 영향력을 확장합니다. 내가 바로 서면 가족과의 관계가 조화로워지고(齊家), 가족이 화목하면 소속된 공동체나 조직이 질서 있게 운영되며(治國), 이 모든 것이 쌓여 마침내 더 넓은 세상에 평화와 번영을 가져올 수 있습니다(平天下). 이는 리더십의 본질이자, 진정한 사회적 책임의 실현입니다.

결국 『대학』의 이 가르침은 나의 작은 내면에서 시작된 변화가 세상의 큰 변화로 이어지는 연결고리를 보여줍니다. 나를 바로 세우는 일이 곧 세상을 바꾸는 첫걸음이며, 이는 지금 여기, 나 자신으로 부터 시작되어야 할 가장 중요한 여정입니다.

나를 향한 질문

- 당신은 지금 '격물'과 '치지'를 통해 어떤 지식과 통찰력을 얻고 있으며, 그것이 당신의 '뜻'과 '마음'을 바르게 하는 데 어떻게 기여하고 있는가?
- '수신修身'을 넘어 '제가齊家'와 '치국治國', '평천하平天下'를 꿈꾼다면, 그 목표를 이루기 위해 지금 가장 먼저 '본本'이 되는 어떤 일을 해야 할까?

실천 과제

- 이번 한 주 동안, 당신이 최근 관심 있는 특정 사안이나 문제에 대해 '격물格物'의 자세로 깊이 파고들어, 그 본질을 이해하기 위한 자료를 찾아보고 공부해보자.
- 매일 아침 5분, 자신의 마음 상태를 점검하고 '성의誠意'의 관점에서 오늘의 의도나 목표를 솔직하게 되짚어보는 시간을 가져보자.

CHAPTER 3

나를 속이지 않는 용기

'성의誠意'의 깊이,
외부를 의식하지 않는 내면의 진정성

所謂誠其意者 毋自欺也.

소위성기의자 무자기야.

如惡惡臭 如好好色.

여오악취 여호호색.

此之謂自謙 故 君子 必愼其獨也.

차지위자겸 고 군자 필신기독야.

"뜻을 성실히 하는 것은 스스로를 속이지 않는 것이다.

마치 악취를 싫어하듯,

좋은 색을 좋아하듯 하는 것이 스스로 만족하는 것이다.

그러므로 군자는 반드시 홀로 있을 때를 삼간다."

원문 해설

이 장은 '성의誠意'에 대한 심도 깊은 해설을 담고 있다. "뜻을 성실히 한다"는 것은 단순히 마음을 진실하게 먹는 것을 넘어, 외부를 의식하지 않고 자신의 본래 마음과 일치하는 내면의 진정성을 추구하는 것을 의미한다. 이는 현대사회에서 우리가 추구해야 할 내면의 진정성과 자기 성찰의 중요성을 강조한다.

所謂 誠其意者 毋自欺也 소위 성기의자 무자기야 : 성의誠意의 가장 근본적인 전제는 자기기만(自欺)이 없어야 한다는 것이다. 이는 자신의 생각, 감정, 행동의 동기에 대해 솔직하고 진실해야 함을 의미한다. 겉으로만 착한 척하거나, 타인의 시선을 의식하여 본심과 다르게 행동하는 것이 아니라 자신의 마음을 속이지 않고 있는 그대로 직면하는 태도이다.

如惡惡臭 如好好色 此之謂自謙 여오악취 여호호색 차지위자겸 : 자겸自謙, '스스로 만족한다'는 의미로, 인위적인 노력이 아니라 자연스러운 본능처럼 선을 좋아하고 악을 미워하는 것을 말한다.

역한 냄새를 맡으면 저절로 피하게 되고, 아름다운 것을 보면 저절로 좋아하게 되는 것처럼, 선을 행하는 것이 본능적이고 자연스러운 즐거움이 되어야 한다는 것이다. 이는 선행이 외부의 강요나 보상을 위한 것이 아니라 자신의 내면에서 우러나오는 순수한 기쁨이어야 함을 강조한다. 이렇게 되면 자기 자신에게 부끄러움이 없고 만족스러워진다.

故君子必慎其獨也 고군자필신기독야 : 신독慎獨, "홀로 있을 때를 삼간다"는 것은 다른 사람이 보지 않는 곳에서도 자신의 마음가짐과 행동을 흐트러뜨리지 않고 삼가는 것을 의미한다. 남들이 없을 때에도 자신의 양심에 따라 행동하며, 겉과 속이 다르지 않도록 스스로를 경계하는 태도이다. 진정한 성의는 외부에 보여지는 것이 아니라 아무도 보지 않는 순간에도 일관되게 유지되는 내면의 진실함에

서 비롯됨을 강조한다.

핵심개념은 자기기만 없는 진실성(毋自欺), 선행의 본능화(如惡惡臭 如好好色), 내적 만족(自謙), 그리고 홀로 있을 때의 자기관리(愼其獨)이다. 이 모든 것은 마음의 진실함을 추구하는 '성의'의 본질을 이룬다.

21세기 시선으로 보는 해석

'성의'의 가르침은 현대사회에서 '진정성(Authenticity)', '셀프 리더십', '윤리적 자율성', 그리고 '내면의 평화'와 깊이 연결된다.

스스로를 속이지 않는다.(毋自欺)

이 구절은 '진정성과 자기이해'를 말한다. 정보가 넘쳐나는 시대에 우리는 종종 타인의 시선이나 사회적 기대에 맞춰 자신의 진짜 감정이나 생각을 숨기려 한다. 하지만 진정한 성장은 자신의 부족함이나 약점을 인정하고, 솔직하게 자신을 직면하는 데서 시작된다. 이는 메타 인지, 감정 코칭, 그리고 자기 수용의 핵심 요소이다. 나 자신을 속이지 않을 때 비로소 타인과의 관계에서도 진정한 신뢰를 구축할 수 있다.

악취를 싫어하고 좋은 색을 좋아하듯

'가치 지향적 삶과 내재적 동기'이다.

선행을 외부 보상이나 의무감 때문이 아니라, 마치 본능처럼 자연스럽게 행하고 그 자체에서 기쁨을 찾는 태도를 말한다.

이는 즐거움을 느끼는 일에서 탁월함을 발휘하는 개인의 성장, 그리고 조직 내에서 자율적인 참여와 몰입을 이끌어내는 문화 조성과 연결된다. 억지스러운 선행은 지속되기 어렵지만, 내면의 기쁨에서 우러나오는 선행은 삶을 풍요롭게 한다.

홀로 있을 때를 삼간다.(愼其獨)

'셀프 리더십과 내면의 일관성'이다.

아무도 보지 않는 곳에서 자신의 양심과 원칙에 따라 행동하는 능력은 진정한 인격의 척도다.

현대사회는 CCTV와 SNS를 통해 우리의 행동이 끊임없이 감시받는 것처럼 느껴지지만, 진정한 신독은 외부의 감시가 아닌 내면의 양심을 기준으로 삼는 것이다. 이는 자기 통제력, 정직성, 그리고 리더의 높은 윤리 의식과 직결된다. 홀로 있을 때 흔들리지 않는 사람이 비로소 대중 앞에서도 당당할 수 있다.

단산의 대학 강의

우리는 매일 수많은 가면을 쓰고 살아갑니다. 직장에서는 프로페셔널한 가면을, 친구 앞에서는 유쾌한 가면을, 가족 앞에서는 자애로운 가면을 씁니다. 때로는 이 가면들이 너무나 익숙해져서, 가면 뒤의 진짜 '나'는 어떤 모습인지조차 잊어버리곤 합니다.

『대학』은 바로 이 지점에서 '성의誠意'의 중요성을 강조합니다. "뜻을 성실히 하는 것은 스스로를 속이지 않는 것이다.(所謂誠其意者毋自欺也)"라는 이 구절은, 우리에게 먼저 나 자신에게 솔직해질 것을 주문합니다. 나의 진짜 감정은 무엇인지, 내가 진정으로 원하는 것은 무엇인지, 그리고 내가 어떤 동기로 행동하는지를 거짓 없이 직면하는 것. 이것이 성의의 출발점입니다.

스스로를 속이지 않는다는 것은, 마치 "如惡惡臭 如好好色 여오악취 여호호색", 악취를 싫어하고 좋은 색을 좋아하듯이 자연스럽고 본능적으로 선을 추구하고 악을 멀리하는 것입니다. 어떤 행위를 할 때 '남들이 나를 어떻게 볼까?' 하는 외부의 시선이나, '이걸 하면 무엇을 얻을까?' 하는 계산이 아니라 그 행위 자체가 나의 내면에서 우러나오는 순수한 기쁨과 만족이 되어야 한다는 의미입니다.

저는 예전에 어떤 봉사활동을 할 때, '남들이 나를 착하다고 생각해 주면 좋겠다'는 마음이 조금은 있었던 것 같습니다. 하지만 진정한 '자겸自謙', 즉 스스로 만족하는 경지에 이르려면, 봉사 그 자체에서 오는 행복감과 의미를 느끼는 것이 중요합니다. 그래야 선행이 지속가능하고, 우리의 영혼을 진정으로 풍요롭게 만들 수 있습니다.

이러한 '성의'의 핵심은 결국 '그러므로 군자는 반드시 홀로 있을 때를 삼간다(故君子必愼其獨也)'는 가르침에서 완성됩니다. 아무도 나를 보지 않는 곳, 오직 나 자신만이 존재하는 그 순간에도 나의 마음과 행동이 흐트러지지 않고, 겉과 속이 일치하도록 스스로를 경계하는 것. 이것이야말로 진정한 인격과 진정성을 증명하는 리트머스 시험지입니다.

우리는 스마트폰 화면 뒤에 숨어 타인을 비난하거나, 익명성 뒤에 숨어 자신의 진짜 모습을 감추려 할 때가 있습니다. 하지만 진정한 성장은 남의 눈을 의식하는 것이 아니라, 오직 자신의 양심 앞에서 당당할 수 있는 용기에서 나옵니다. 홀로 있을 때의 내가, 사람들 앞에 있을 때의 나와 다르지 않을 때 비로소 진정한 평화와 강인함을 얻을 수 있습니다.

『대학』의 '성의' 가르침은 복잡한 현대사회를 살아가는 우리에게, 외면의 성공보다 중요한 내면의 진정성과 일관성을 회복하라고 속삭입니다. 나 자신에게 솔직하고, 선을 즐거워하며, 홀로 있을 때도 흔들리지 않는다면, 우리의 삶은 더욱 깊고 의미 있는 빛을 발할 것입니다.

나를 향한 질문

- 당신은 당신의 '뜻'이나 '마음'이 타인의 시선이나 외부환경 때문에 '자기기만(自欺)'으로 흐트러진 경험이 있는가?
- 당신은 '홀로 있을 때(愼其獨)' 어떤 생각과 행동을 하는가? 그때의 당신의 모습이 다른 사람들과 함께 있을 때의 당신의 모습과 얼마나 일치하는가?

실천 과제

- 오늘 하루 동안, 당신이 어떤 일을 결정하거나 행동할 때 '남에게 보여주기 위함'이 아닌, '나 스스로 만족하고 기쁘기 위함'이라는 마음으로 실천해보자.
- 일주일 동안 매일 잠자리에 들기 전, 그날의 자신의 행동과 생각 중 '스스로에게 솔직하지 못했던' 순간이 있었는지 되돌아보고, 다음 날에는 어떻게 더 '성의'를 실천할 수 있을지 다짐해보자.

신독愼獨의 중요성,
겉과 속이 같은 사람이 되는 길

小人閒居 爲不善 無所不至.

소인한거 위불선 무소부지.

見君子而后 厭然揜其不善 而著其善.

견군자이후 염연엄기불선 이저기선.

人之視己 如見其肺肝 然則何益矣.

인지시기 여견기폐간 연즉하익의.

此謂誠於中 形於外 故 君子 必愼其獨也.

차위성어중 형어외 고 군자 필신기독야.

"소인은 혼자 있을 때 악을 행하여 못할 짓이 없다.

그러나 군자를 보면 부끄러워하여 악한 것은 감추고 선한 것만 드러낸다.

하지만 사람들은 그 마음속까지 훤히 본다.

그러니 겉치레가 무슨 소용이 있겠는가?

안에서 성실하면 밖으로 드러나게 된다.

그러므로 군자는 홀로 있을 때를 삼가야 한다."

원문 풀이

이 구절은 앞서 강조된 '신독愼獨'의 중요성을 소인小人의 사례를 들어 더욱 설득력 있게 설명한다. 이는 현대사회에서 우리가 추구해야 할 진정성과 투명성, 그리고 일관된 윤리 의식의 본질을 보여준다.

小人閒居 爲不善 無所不至 소인한거 위불선 무소부지 : '소인小人'은 덕이 부족하고 자기 수양에 힘쓰지 않는 사람을 말한다. 이런 사람은 아무도 보지 않는 '한가로운(閒居)' 상황에서, 곧 외적인 제약이나 시선이 없을 때, '불선不善', 즉 좋지 않은 행위나 마음을 품는 데 거리낌이 없다. 이는 인간 본연의 나약함과 통제되지 않는 욕망을 드러낸다.

見君子而后 厭然揜其不善 而著其善 견군자이후 염연엄기불선 이저기선 : 소인은 다른 사람 특히, 덕망 있는 '군자君子'를 만나면, 부끄러워하는 듯(厭然) 자신의 좋지 않은 점을 숨기고(揜其不善) 좋은 점만을 내보이려 한다.(著其善) 이는 위선적이고 이중적인 태도를 의미한다.

人之視己 如見其肺肝 然則何益矣 인지시기 여견기폐간 연즉하익의 : 사람의 마음은 아무리 감추려 해도 결국 다른 사람에게 그 진실이 드러나게 마련이다. 마치 몸 안의 폐와 간이 보이는 것처럼(如見其肺肝), 아무리 숨기려 해도 그 본심과 위선은 언젠가 드러나게 되니, 그런 이중적인 태도가 자신에게나 타인에게나 아무런 '유익함(何益)'이 없음을 지적한다. 오히려 불신과 실망만 가져올 뿐이다.

此謂 誠於中 形於外 차위 성어중 형어외 : 이는 '성의誠意'의 본질을 명확히 하는 구절이다. 내면의 마음(中)이 진실되고 성실하면, 그 모습이

자연스럽게 외부(外)로 드러나게 된다는 것이다. 반대로 내면이 불성실하고 위선적이면, 아무리 겉으로 꾸며도 결국 그 본모습이 드러나게 된다는 경고이기도 하다.

故 君子 必愼其獨也 고 군자 필신기독야 : 앞선 소인의 사례를 통해 '겉과 속의 불일치'가 결국 아무런 유익함이 없다는 결론에 도달한다. 따라서 진정한 군자는 타인의 시선이 없는 '홀로 있는(獨)' 상황에서 더욱 자신의 마음과 행동을 '삼가고(愼)' 다스려, 내외가 일관된 진실함을 유지해야 함을 강조하며 마무리한다. 이는 군자의 덕이 외부에만 드러나는 것이 아니라 본질적으로 내면의 순수함에서 비롯됨을 역설한다.

핵심개념은 겉과 속의 일치(誠於中 形於外), 위선적 태도의 무익함(何益矣), 내면 관리의 중요성(愼其獨), 그리고 진실함의 궁극적인 드러남(如見其肺肝)이다.

21세기 시선으로 보는 해석

이 구절은 현대사회에서 요구되는 '진정성(Authenticity)', '투명성', '자기인식', 그리고 '윤리적 리더십'과 매우 깊이 연결된다. 특히, SNS와 빅데이터 시대에 감추려 해도 감출 수 없는 개인의 평판 관리와도 직결된다.

소인은 한가로이 불선을 행한다.

'익명성 뒤에 숨는 행동과 책임 회피'를 지적한다.

인터넷 댓글, 익명 게시판 등에서 쉽게 드러나는 무책임하고 악의적인 행동은 '홀로 있을 때'의 소인의 모습과 유사하다. 또한 아무도 모를 것이라는 생각에 편법이나 부도덕한 행위를 저지르는 것역시 여기에 해당한다.

이는 사이버 윤리, 직업윤리, 그리고 개인의 도덕적 해이와 관련이 깊다.

군자를 본 후에 감추고 선한 것을 드러낸다.

'가식과 위선'을 꼬집는다.

오늘날 '이미지 관리'는 필수적이지만, 본질 없는 이미지 메이킹은 결국 대중의 불신을 초래한다. SNS에서 완벽한 모습만 보이려하거나, 직장에서 상사에게만 잘 보이려 애쓰는 태도 등은 내면의진실성과 괴리될 때 위선으로 비춰질 수 있다.

이는 평판 관리, 퍼스널 브랜딩, 그리고 쇼윈도 리더십의 함정을경고한다.

사람이 자기를 보는 것이 폐부를 보는 것 같다.

'투명성 시대의 불가피한 노출'을 의미한다.

디지털 발자국, 빅데이터, 그리고 빠른 정보 공유 속에서 개인이나 조직의 모든 정보는 쉽게 공유되고 분석될 수 있다. 아무리 숨기려 해도 진실은 언젠가 드러나게 마련이다.

이는 기업의 투명 경영, 개인정보 보호, 그리고 언론의 역할과도 연결된다. 거짓은 결국 탄로 나기 마련이다.

속에서 성실하면 밖으로 드러난다.

'진정성의 힘과 일관된 행동'이다.

진정으로 올바른 마음을 가진 사람은 굳이 꾸미려 하지 않아도 그 품격이 드러나고, 말과 행동이 자연스럽게 일관된다. 이는 리더의 진정성 있는 소통, 조직문화의 투명성, 그리고 개인의 내면적 강인함으로 이어진다.

겉과 속이 일치할 때 우리는 진정한 신뢰를 얻고, 스스로도 평안함을 느낄 수 있다.

군자는 반드시 홀로 있을 때를 삼간다.

'자기 통제와 윤리적 자율성'의 궁극적인 모습이다.

외적인 보상이나 처벌 없이도 자신의 양심과 원칙에 따라 행동하는 능력은 진정한 인격의 완성이다. 이는 셀프 리더십, 자율근무 환경에서의 책임감, 그리고 높은 수준의 도덕성을 요구한다.

혼자 있을 때조차 흐트러지지 않는 사람이 진정으로 강한 사람이다.

단산의 대학 강의

우리는 모두 타인의 시선을 의식하며 살아갑니다. 특히, 사회생활에서는 더욱 그러하죠. 좋은 인상을 주고 싶고, 인정받고 싶어서 때로는 본심과 다른 행동을 하기도 합니다.

하지만 『대학』은 이러한 인간의 본성을 꿰뚫어 보며, '신독愼獨'이라는 깊은 통찰을 제시합니다. 소인이 홀로 있을 때는 온갖 좋지 않은 짓을 서슴지 않다가도, 군자를 보면 슬그머니 자신의 못난 모습을 감추고 좋은 모습만 보이려 한다는 것입니다.(小人閒居 爲不善 無所不至 見君子而后 厭然揜其不善 而著其善)

우리의 일상에서도 이러한 소인의 모습은 쉽게 찾아볼 수 있습니다. 아무도 보지 않는 곳에서는 무심코 쓰레기를 버리거나, 회사에서는 상사에게만 잘 보이기 위해 업무를 대충 처리하고, 인터넷 댓글창에서는 익명성에 기대어 악의적인 비난을 쏟아내는 모습들이 바로 그것입니다. 잠시 동안은 자신의 불선을 감출 수 있을지 모릅니다.

하지만 『대학』은 경고합니다. 다른 사람이 나를 보는 것이 마치 폐부까지 들여다보는 것과 같으니, 그런 위선이 대체 무슨 소용이 있겠느냐는 것입니다. 人之視己 如見其肺肝 然則 何益矣 인지시기 여견기폐간 연즉 하익의, 아무리 꾸미고 감추려 해도, 진실은 언젠가 드러나기 마련입니다. SNS에서 보여주는 완벽한 삶과 현실의 괴리, 혹은 기업의 ESG경영이 보여주기 식으로 흐를 때 대중에게 발각되는 것처럼, 겉과 속이 다른 모습은 결국 불신과 실망만을 안겨줄 뿐입니다.

이러한 소인의 모습과 대비되는 것이 바로 군자의 자세입니다. "此謂誠於中 形於外 故 君子 必愼其獨也 차위성어중 형어외 고 군자 필신기독야", 즉 속에 성실함이 있으면 밖으로 드러나게 되니, 군자는 반드시 홀로 있을 때를 삼가야 한다는 것입니다.

진정한 성실함과 덕성은 다른 사람이 보든 안 보든 상관없이, 나의 내면에서 우러나와 일관된 말과 행동으로 드러나는 것입니다. 홀로 있을 때조차 나의 양심과 원칙에 따라 행동하고, 나의 본심과 겉모습이 일치하도록 스스로를 경계하는 것. 이것이 바로 '신독'의 본질이자, 진정한 리더가 갖춰야 할 미덕입니다.

저는 최근 재택근무를 하면서 신독의 중요성을 더욱 깊이 깨달았습니다. 아무도 나를 보지 않는 공간에서 스스로의 업무를 관리하고 시간 계획을 지키는 것이 때로는 쉽지 않았습니다. 이때 '누가 보지 않아도 나 스스로에게 부끄럽지 않게 행동하자'는 마음가짐이 얼마나 중요한 동기가 되는지 알게 되었습니다. 진정으로 강한 사람은 외적인 감시나 보상에 흔들리지 않고, 내면의 기준으로 자신을 다스릴 줄 아는 사람입니다.

『대학』의 '신독'이라는 구절의 가르침은 우리에게 겉치레를 벗어던지고 내면의 진실함을 추구하라고 강력하게 권합니다. 홀로 있을 때의 내가 가장 진정한 나임을 인지하고, 그 진정한 나를 끊임없이 바르게 세워나갈 때, 우리는 비로소 진정으로 존경받고 신뢰받는 사람이 될 수 있을 것입니다.

나를 향한 질문

- 당신은 당신이 '홀로 있을 때' 하는 행동이나 생각 중에, 다른

사람들에게는 보여주고 싶지 않은 부분이 있는가? 만약 있다면, 그 이유는 무엇일까?

– 당신이 어떤 역할을 맡고 있든, 그 역할에서 당신의 '겉모습'과 '내면의 진실함'이 얼마나 일치한다고 생각하는가?

실천 과제

– 이번 주 동안, 당신이 아무도 보지 않는다고 생각할 때 하는 행동이나 내면의 생각들을 잠시 의식적으로 관찰해보자. 그리고 그것들이 당신이 다른 사람들 앞에서 보여주고자 하는 모습과 얼마나 일치하는지 성찰해보자.

– 익명성이 보장되는 온라인 공간(댓글, 커뮤니티 등)에서 글을 남기거나 반응할 때, 내가 쓴 글이 나 자신에게 부끄럽지 않은지 '신독'의 마음으로 한 번 더 확인하는 습관을 들여 보자.

유독幽獨의 중요성,
아무도 보지 않을 때의 나

❖

曾子曰, 十目所視 十手所指 其嚴乎.

증자왈, 십목소시 십수소지 기엄호.

"증자가 말했다. '열 사람의 눈이 보고,
열 사람의 손가락이 가리키니, 그 얼마나 두렵고 엄중한 일인가!'"

원문 풀이

이 구절은 앞서 이야기한 '신독愼獨'의 중요성과 '성어중 형어외誠
於中 形於外'의 의미를 더욱 강렬하게 설명한다. 증자曾子의 말을 인용
한 이 가르침은 아무도 없는 곳에서 행하는 은밀한 행위조차 결국
은 모두에게 드러나고 평가받게 됨을 경고한다. 이는 현대사회에서
우리가 반드시 지녀야 할 투명성과 책임감, 그리고 자기 통제의 윤
리적 중요성을 강조한다.

曾子曰 十目所視 十手所指 其嚴乎 증자왈 십목소시 십수소지 기엄호 : '열
개의 눈이 보는 바'라는 것은 아무리 숨기려 해도 결국은 많은 사람

에게 알려지고 관찰된다는 것을 비유한다. 단순히 열 명이 보는 것이 아니라, 모든 사람이 주시하고 있음을 의미한다.

'열 개의 손가락이 가리키는 바'는 많은 사람이 그 행위에 대해 비난하거나 칭찬하며 평가한다는 것을 상징한다. 공개적인 평가와 비판을 피할 수 없음을 말한다.

기엄호其嚴乎, "어찌 엄중하지 않겠는가?"라는 반어적인 표현은, 이렇듯 모든 사람의 시선과 평가에서 벗어날 수 없으니, 스스로의 마음가짐과 행동을 더욱 엄숙하고 조심스럽게 가져야 함을 강조한다.

이 인용구는 앞서 "소인이 홀로 있을 때 불선을 행하다가 군자를 보면 감춘다"는 내용과 연결된다. 아무리 은밀하게 행한 불선이라 할지라도, 결국은 드러나게 되며 그에 대한 평가를 피할 수 없다는 것을 '십목소시 십수소지'로 표현한 것이다.

이는 개인의 행동이 결국 사회적 평가와 연결되며, 아무도 보지 않는다고 해서 방심해서는 안 된다는 윤리적 경고다. 내면의 진실함(誠於中)이 결국 외부로 드러나(形於外) 평가받게 됨을 다시 한 번 상기시킨다.

핵심개념은 은밀한 행위의 불가피한 노출(十目所視), 사회적 평가와 책임(十手所指), 그리고 내면적 일관성과 엄숙한 태도(其嚴乎)이다. 이는 곧 '신독'의 궁극적인 중요성을 재확인한다.

21세기 시선으로 보는 해석

증자의 이 가르침은 '빅 브라더' 시대, '투명성 사회', 그리고 '개인의 평판 관리'가 더욱 중요해진 현대사회에 놀랍도록 정확하게 들어맞는다.

열 개의 눈이 보다.

'디지털 발자국과 빅데이터의 시대'를 의미한다.

우리는 아무도 보지 않는다고 생각하는 순간에도 인터넷검색 기록, SNS 활동, 위치정보, CCTV 등 수많은 디지털 흔적을 남긴다. 이러한 데이터들은 언제든 수집되고 분석되어 우리의 행동 패턴과 심지어 내면의 의도까지 추론될 수 있다. '열 개의 눈'은 더 이상 비유가 아닌, 현실이 된 수많은 감시 시스템과 데이터 기록을 뜻한다.

열 개의 손가락이 가리키다

'온라인 평판과 여론의 힘'이다.

과거에는 은밀했던 사생활이나 비윤리적인 행위가 단 한 사람의 폭로로 인해 전 세계에 알려지고, 순식간에 수많은 사람들의 비난(손가락질)을 받게 된다. 유튜브, X(트위터), 인스타그램 등 SNS를 통한 정보 확산은 걷잡을 수 없이 빠르고 광범위하며, 한 개인이나 기업의 평판을 한순간에 무너뜨릴 수 있다.

이는 온라인 평판관리, 위기관리, 그리고 투명한 기업 활동의 중요성을 역설한다.

어찌 엄중하지 않겠는가!

'개인의 윤리적 책임감과 자기 통제력'의 필요성을 말함이다.

아무도 보지 않는다고 해서 편법을 쓰거나, 비윤리적인 결정을 내리는 것은 결국 자신에게 부메랑이 되어 돌아올 수 있다. 특히, 리더의 경우, 은밀한 사적 영역에서의 비윤리적 행위가 드러날 경우, 그 조직 전체의 신뢰를 무너뜨릴 수 있다. 이는 높은 수준의 직업윤리, 셀프 리더십, 그리고 도덕적 리더십을 요구한다. 겉으로 드러나는 모습뿐 아니라 보이지 않는 곳에서의 일관된 태도가 진정한 신뢰를 구축한다.

결론적으로 이 구절은 '개인과 조직의 투명성'이 단순한 선택이 아니라, 생존과 성공을 위한 필수적인 덕목임을 말해준다. 내면의 진실함이 결국 외부로 드러나 평가받는다는 원리는 변치 않는 진리이며, 이를 인지하고 스스로를 다스리는 것이 바로 현대인이 지녀야 할 진정한 지혜이다.

단산의 대학 강의

우리는 종종 '나만 아는 비밀'을 가지고 싶어 합니다. 아무도 보지 않는 곳에서, 나 혼자만의 방식으로 행동할 때 우리는 해방감을 느끼기도 합니다. 하지만 증자께서는 이러한 안이한 생각에 경종을 울립니다.

"十目所視 十手所指 其嚴乎 십목소시 십수소지 기엄호, 열 개의 눈이 보고 있고, 열 개의 손가락이 가리키고 있으니, 어찌 엄중하지 않을 수 있겠는가?"라는 증자의 외침은 오늘날의 시대를 정확히 꿰뚫어 보는 듯합니다.

과거에는 은밀하게 행해진 일들은 정말로 '비밀'로 남을 수 있었습니다. 그러나 지금은 어떻습니까? 우리는 스마트폰 카메라로 모든 것을 기록하고, SNS에 실시간으로 공유하며, 수많은 데이터가 우리의 움직임을 추적하고 분석합니다. 내가 남긴 하나의 댓글, 보낸 메시지, 심지어 방문한 웹 사이트까지 모두 '디지털 발자국'으로 남아 어딘가에 기록됩니다.

'열 개의 눈'은 이제 더 이상 비유가 아닙니다. 그것은 수많은 카메라, 데이터베이스, 그리고 서로 연결된 익명의 대중을 의미합니다. 내가 혼자라고 생각하는 순간에도, 보이지 않는 수많은 눈들이 나를 주시하고 있는 것이죠.

그리고 그렇게 쌓인 정보는 언제든 '열 개의 손가락'에 의해 지목될 수 있습니다. 한 개인의 사소한 행동이나 기업의 은밀한 비리가 SNS를 통해 폭로되면, 순식간에 전 국민의 비난과 평가를 받게 됩니다. '나만 아는' 부도덕한 행위나 편법적인 업무처리 방식은 결국 언젠가 세상에 드러나고, 그 대가는 상상 이상으로 클 수 있습니다. 『대학』에서 말하듯, 아무런 유익함이 없는 것을 넘어 치명적인 손실로 이어질 수 있는 것입니다. '사람이 자기를 보는 것이 폐부까지 보는 것과 같다'는 가르침은, 아무리 숨기려 해도 진실은 결국 드러난다는 준엄한 경고입니다.

결국, 증자의 이 외침은 우리에게 '신독愼獨'의 중요성을 다시 한 번 강조합니다. "誠於中 形於外 성어중 형어외", 즉 속에 성실함이 있으면 밖으로 드러나는 법이니, 군자는 반드시 홀로 있을 때를 삼가야 합니다. 다른 사람이 나를 보든 안 보든 상관없이, 오직 나의 양심과 원칙에 따라 행동하고, 내면의 진실함과 겉모습이 일관되도록 노력해야 한다는 것입니다.

재택근무를 할 때, 혹은 심야에 홀로 프로젝트를 진행할 때, 우리는 쉽게 나태해지거나 편법을 유혹받을 수 있습니다. 이때 "아무도 보지 않지만, 이것은 나 자신과의 약속이다."라는 마음가짐이 바로 신독의 실천입니다.

현대사회는 우리에게 끊임없이 투명성과 책임감을 요구합니다. 눈에 보이지 않는 곳에서 행한 사소한 행동까지도 결국은 우리 자신과 우리 주변에 큰 영향을 미칠 수 있음을 인지할 때, 우리는 비로소 진정으로 존경받고 신뢰받는 사람이 될 수 있을 것입니다.

나를 향한 질문

- 당신은 당신의 어떤 행동이나 결정이 '열 개의 눈과 열 개의 손가락'의 시선에서 자유로울 수 없다는 것을 인지하고 있는가?
- 당신이 현재 감추고 싶은 '유독幽獨'의 영역이 있다면, 그것이 결국 드러났을 때 어떤 결과가 초래될 것이라고 생각하는가?

실천 과제

- 당신이 온라인에서 댓글을 달거나 게시물을 올릴 때, '누군가 보고 있다'는 증자의 가르침을 떠올리며 더욱 신중하고 책임감 있는 자세로 임해보자.
- 이번 한 주 동안, 당신이 혼자 있을 때 어떤 행동이나 결정을 내릴 때마다 그것이 다른 사람들에게 알려져도 부끄럽지 않을 행동인지 스스로에게 질문해보자.

성의誠意의 궁극적인 결과와 중요성

富潤屋 德潤身. 心廣體胖. 故 君子 必誠其意.

부윤옥 덕윤신. 심광체반. 고 군자 필성기의.

"부富는 집을 윤택하게 하고,

덕德은 몸을 윤택하게 한다. 마음이 넓으면 몸도 편안하다.

그러므로 군자는 반드시 그 뜻을 성실히 한다."

원문 해설

이 구절은 "덕이 몸을 윤택하게 한다"는 심오한 진리를 전하며, 우리가 왜 '뜻을 성실히 하는 것(誠意)'에 힘써야 하는지 그 궁극적인 이유를 제시한다. "부유함은 집을 윤택하게 하고, 덕은 몸을 윤택하게 하여 마음이 넓어지고 몸이 편안해진다. 그러므로 군자는 반드시 그 뜻을 성실히 해야 한다"는 이 가르침은 물질적 풍요를 넘어선 내면의 성장과 정신적 만족이 진정한 행복의 원천임을 일깨우고, 물질적 부富와 대비되는 덕德의 가치를 설명하며, 내면의 성실함이 가져오는 긍정적인 변화를 역설한다.

富潤屋 부윤옥 : 재물이 많으면 집을 아름답게 꾸미고 편안하게 만들 수 있다는 물질적 풍요의 일반적인 현상을 말한다. 이는 눈에 보이는 외부적인 만족을 의미한다.

德潤身 덕윤신 : 내면에 쌓은 덕은 단순히 외모를 아름답게 하는 것을 넘어, 그 사람의 기품, 표정, 심지어 건강에까지 긍정적인 영향을 미쳐 그 사람의 전체적인 존재를 윤택하게 만든다는 의미다. 이는 내면의 수양이 외적인 모습으로 발현됨을 보여준다.

心廣體胖 심광체반 : 심광心廣은 마음속에 부끄러움이나 거리낌이 없고, 넓고 평온하며 여유로운 상태를 말한다. 이는 올바른 덕을 쌓고 자신의 뜻을 성실히 했을 때 얻어지는 내면의 평화와 자유다.

'체반體胖'은 몸이 편안하고 건강하며 안락한 상태를 의미한다. '반胖'은 '살이 찌다는 뜻'이지만 여기서는 '편안하고 건강한' 상태를 뜻한다. 마음의 평화가 신체적인 안정과 편안함으로 이어진다는 뜻이다. 덕을 쌓아 마음에 거리낌이 없으면 몸도 자연히 편안하고 건강해진다는 것을 강조한다.

故 君子 必誠其意 고 군자 필성기의 : 위에서 설명한 덕이 몸을 윤택하게 하고 마음과 몸에 평안을 가져다주는 궁극적인 원천이 바로 '뜻을 성실히 하는 것(誠意)'에 있기 때문에, 군자는 이 '성의'를 반드시 실천해야 함을 최종적으로 강조한다. '성의'는 내면의 진실함을 기반으로 하므로, 이는 결국 자기수양의 시작이자 근본이 된다.

핵심개념은 물질적 풍요와 대비되는 덕의 가치(富潤屋 德潤身), 내면의 평화와 신체적 건강의 연관성(心廣體胖), 그리고 뜻을 성실히 하는 것의 궁극적 효용성(故君子必誠其意)이다. 이는 곧 자기 기만 없이 진실된 마음을 가질 때 얻을 수 있는 진정한 행복을 제시한다.

21세기 시선으로 보는 해석

이 구절은 현대사회에서 우리가 추구하는 '웰빙Well-being', '워라밸(Work-Life Balance)', '정신건강' 그리고 '지속가능한 행복'의 본질과 깊이 연결된다.

부유함은 집을 윤택하게 하고, 덕은 몸을 윤택하게 한다.

이 구절은 '물질적 만족과 정신적 만족의 차이'를 보여준다. 현대인들은 부와 성공을 좇아 물질적 풍요를 얻으려 하지만, 그것만으로는 진정한 만족을 얻기 어렵다는 것을 자주 경험한다. '덕윤신德潤身'은 눈에 보이지 않는 내면의 가치, 즉 윤리적 삶, 자기성찰, 타인에 대한 배려 등이 우리 삶의 질을 근본적으로 향상시킨다는 메시지다. 이는 진정한 부의 의미, 그리고 물질만능주의에 대한 경계와도 연결된다.

마음이 넓어지고 몸이 편안해진다.

이 구절은 '정신건강과 신체 건강의 상관관계'를 강조한다. 스트레스, 불안, 우울증 등 현대인의 정신건강 문제는 신체적 질병으로 이어지는 경우가 많다. 반대로, 마음이 평온하고 넓으면 신체도 건강하고 편안해진다는 이 가르침은 마음 챙김(Mindfulness), 긍정심리학 그리고 심신일치의 중요성을 역설한다. 죄책감이나 후회 없이 당당하게 살아갈 때 얻을 수 있는 내면의 자유와 그로 인한 신체적 편안함은 현대인이 추구하는 진정한 웰빙의 모습이다.

군자는 반드시 그 뜻을 성실히 해야 한다.

'내면의 진정성과 자기관리의 중요성'을 재확인한다. 궁극적인 행복과 편안함은 외부의 환경변화에 휘둘리지 않고, 자신의 마음을 속이지 않으며 진실 되게 살아갈 때 얻어진다는 것이다.

이는 셀프 리더십, 윤리적 판단, 그리고 자기 확신의 기반이 된다. 남의 시선이나 사회적 기준이 아니라 자신의 내면에서 우러나오는 진정한 가치에 따라 살 때 비로소 우리는 마음의 평화를 얻고 몸도 편안해질 수 있다.

단산의 대학 강의

우리는 흔히 "집이 넉넉하면 마음도 편안하다"고 말합니다. 좋은 집에 살고, 좋은 차를 타고, 풍요로운 삶을 누리는 것이 행복의 전부인 양 여기기도 합니다. 『대학』 또한 '부윤옥富潤屋, 즉 부유함이 집을 윤택하게 한다'는 사실을 인정합니다. 그러나 거기서 멈추지 않고, 더 깊은 진실을 이야기합니다.

'덕윤신德潤身, 덕은 몸을 윤택하게 한다'는 것입니다. 단순히 좋은 옷을 입고 비싼 음식을 먹는 것이 아니라 내면의 수양과 인격적 완성이 우리 존재 자체를 빛나게 하고 풍요롭게 만든다는 의미입니다.

이러한 덕의 윤택함은 결국 '심광체반心廣體胖, 즉 마음이 넓어지고 몸이 편안해진다'는 놀라운 결과로 이어집니다. 현대인들은 많은 것을 가졌음에도 불안해 하고, 끊임없이 스트레스에 시달리며, 몸은 늘 피곤함에 지쳐 있습니다. 이는 마음이 평안하지 못하기 때문입니다.

하지만 자신의 마음에 거리낌이 없고, 양심에 따라 당당하게 살아갈 때 우리는 '심광'의 경지에 이릅니다. 마음이 넓어지고 여유로워지면, 사소한 일에 연연하지 않게 되고, 타인에 대한 포용력도 커집니다. 신기하게도, 마음이 평온하면 몸도 자연히 긴장을 풀고 편안함을 되찾습니다. 마치 깊은 숲속의 고요함이 우리의 몸과 마음을 치유하듯이, 내면의 평화는 육체적인 건강으로도 연결되는 것입니다.

저는 불안한 마음으로 잠 못 이루던 날들이 많았는데, 스스로에게 솔직하고 진심을 다했을 때 비로소 깊은 잠을 잘 수 있었던 경험이 있습니다.

그렇다면 이 '덕'을 어떻게 쌓을 수 있을까요?『대학』은 그 해답을 다시금 '故 君子 必誠其意 고 군자 필성기의, 그러므로 군자는 반드시 그 뜻을 성실히 해야 한다'는 구절에서 찾습니다. 덕은 저절로 생겨나는 것이 아니라 '뜻을 성실히 하는' 노력을 통해 길러진다는 것입니다. "뜻을 성실히 한다"는 것은 나의 마음을 속이지 않고, 겉과 속이 일치하도록 진실하게 살아가는 것을 의미합니다. 아무도 보지 않는 곳에서도 나의 양심에 따라 행동하고, 선을 행하는 것을 진정으로 즐거워하며, 악을 본능적으로 싫어하는 경지에 이르는 것입니다.

결국『대학』의 이 가르침은 우리에게 진정한 행복과 만족이 어디에서 오는지를 명확히 보여줍니다. 외부의 물질적 풍요가 아닌, 내면의 덕성과 성실함에서 비롯되는 마음의 평화와 신체적 편안함이야말로 우리가 진정으로 추구해야 할 삶의 가치임을 일깨웁니다. '뜻을 성실히' 하는 작은 노력들이 쌓여 우리의 삶을 윤택하게 하고, 진정한 웰빙을 선사할 것입니다.

나를 향한 질문

- 당신은 당신의 '몸'을 윤택하게 하는 것이 무엇이라고 생각하는가? 물질적 풍요 외에 당신의 '덕'이 당신의 삶에 어떤 긍정적인 영향을 미치고 있다고 느끼는가?
- 당신이 '마음이 넓어지고 몸이 편안해지는(心廣體胖)' 순간을 경험했다면, 그때 당신의 '뜻'은 얼마나 성실하고 진실했는가?

실천 과제

- 이번 주 동안 당신이 진정으로 마음이 편안해지고 넓어질 수 있는 '덕'스러운 행동을 하나 정하여 꾸준히 실천해보자. (예: 매일 칭찬일기 쓰기, 누군가에게 진심으로 감사 표현하기.)
- 당신이 현재 느끼는 스트레스나 불편함이 있다면, 그것이 혹시 '자신을 속이는' 마음에서 비롯된 것은 아닌지 잠시 돌아보고, '뜻을 성실히' 하는 방향으로 작은 변화를 시도해보자.

성의誠意의 본질,
갓난아이를 보살피듯 진심으로

❖

康誥曰, 如保赤子.

강고왈, 여보적자.

心誠求之 雖不中 不遠矣. 未有學養子而后 嫁者也.

심성구지 수부중 불원의. 미유학양자이후 가자야.

"『서경』「강고」편에 이르기를, 갓난아이를 보호하듯 하라.
마음으로 성실히 그것(도리)을 구하면,
비록 정중하지 못하더라도 멀리 벗어나지는 않는다.
자식을 기르는 법을 배운 뒤에 시집가는 여인은 아직 없었다."

원문 풀이

이 구절은 '마음을 성실히 하여 구한다면' 아무리 지극한 선이라 할지라도 도달할 수 있음을 '갓난아이를 보살피는 것(如保赤子)'에 비유하여 설명한다.

이 가르침은, 배움과 실천의 유기적인 관계, 그리고 내면의 진정성과 자발성이 얼마나 중요한지를 강조하며, 이는 현대인이 추구해야할 진정성 있는 학습, 자기주도적 성장, 그리고 경험을 통한 깨달음의 중요성을 역설하고 있다.

康誥曰 如保赤子 강고왈 여보적자 : 『강고』(주나라 초기 성왕이 강숙에게 한 훈계)에 이르기를, "갓난아이를 보살피듯이 하라"는 구절을 인용한 것이다.

갓난아이를 보살피는 것은 부모의 지극한 정성, 즉 계산적이지 않고 순수하며 조건 없는 사랑과 보살핌을 의미한다. 이는 어떤 대가를 바라는 것이 아니라 본능적이고 자연스럽게 우러나오는 지극한 마음의 표현이다. '지극한 선(至善)'을 추구하는 마음가짐이 이와 같아야 함을 비유한다.

心誠求之 雖不中 不遠矣 심성구지 수부중 불원의 : '심성구지'는 자신의 마음을 속이지 않고(毋自欺), 진심으로(誠) 지극한 선을 추구하고 구하려는 노력을 말하고, '수부중 불원의'는 비록 당장 그 목표(지극한 선)의 정곡(正中)을 정확히 맞추지는 못하더라도, 크게 벗어나지 않을 것이며 결국 가까이 다가설 수 있다는 의미한다.

이는 지극한 선이 아주 멀리 있는 이상적인 목표가 아니라 진심으로 노력하면 충분히 도달 가능한 경지임을 시사한다. 지속적인 진심의 노력이 중요함을 강조한다.

未有學養子而后 嫁者也 미유학양자이후 가자야 : 이는 육아라는 실제적이고 중요한 일이 책으로만 배워서 되는 것이 아니라 결혼(嫁)이라는 실제 경험을 통해 배우고 실천하는 것임을 비유한다.

도덕적 실천, 즉 지극한 선을 향한 여정 또한 마찬가지다. 이론적으로 모든 것을 완벽하게 배운 후에 실천하려 하는 것이 아니라 일단 시작하고 경험하면서 배워나가는 것이 더 중요함을 강조한다. 앎(知)이 완전해진 후에 실천(行)하는 것이 아니라 실천하는 과정에서 앎이 깊어진다는 '지행합일知行合一'의 정신을 담고 있다.

핵심개념은 지극한 정성과 순수한 마음가짐(如保赤子), 진심을 통한 목표 달성 가능성(心誠求之 雖不中 不遠矣), 그리고 경험과 실천을 통한 학습의 중요성(未有學養子而后 嫁者也)이다.

이는 '뜻을 성실히 하는 것(誠意)'이 단순히 관념적인 것이 아니라 적극적인 실천과 연결되어야 함을 보여준다.

21세기 시선으로 보는 해석

이 구절은 현대사회에서 '진정성 있는 동기부여', '점진적 성장', '실패를 통한 학습', 그리고 '경험 학습(Experiential Learning)'의 중요성과 깊이 연결된다.

갓난아이를 보살피듯 마음을 성실히 구한다.

이 말은 '내재적 동기와 진정한 몰입'을 강조한다. 우리는 종종 외부의 보상이나 타인의 시선 때문에 어떤 일을 하곤 한다. 하지만 갓난아이를 보살피듯 순수하고 조건 없는 마음으로 목표를 추구할 때, 비로소 진정한 몰입과 열정이 생겨난다.

이는 진정성 있는 리더십, 가치 기반의 조직문화, 그리고 개인의 삶의 목적의식과 직결된다.

비록 정곡을 꿰뚫지는 못하더라도 멀지 않을 것이다.

이 말은 '완벽주의보다 점진적 진보'를 격려한다. 현대인들은 완벽한 결과만을 추구하다가 시작조차 하지 못하는 경우가 많다. 이 구절은 비록 처음부터 완벽하지 않더라도, 진심을 다해 꾸준히 노력하면 결국 목표에 가까이 도달할 수 있음을 알려준다.

이는 애자일agile 방법론, 지속적인 개선, 그리고 실패를 두려워하지 않는 도전정신과 맞닿아 있다.

자식을 기르는 것을 배운 후에 시집가는 사람은 없다.

'경험 학습과 실천의 우선순위'를 역설한다. 아무리 이론적으로 완벽하게 준비해도 실제 경험을 대체할 수는 없다. 특히, 리더십, 소통, 문제해결과 같은 역량은 책으로만 배우는 것이 아니라, 실제 현장에서 부딪히고 시행착오를 겪으며 체득된다. 이는 실전경험의 중요성, 현장 중심 교육, 그리고 OJT(On-the-Job Training)의 가치를 강조한다.

완벽한 준비를 기다리기보다 일단 행동하고 그 과정에서 배우는 용기가 필요하다.

단산의 대학 강의

우리는 어떤 중요한 일을 시작하기 전에 완벽하게 준비하려 애쓴니다. 모든 것을 다 알고, 모든 변수를 통제한 후에야 비로소 첫발을 내디디려 하죠. 하지만 『대학』은 육아라는 가장 보편적인 경험을 통해 우리에게 다른 지혜를 전합니다.

'未有學養子而后 嫁者也 미유학양자이후 가자야, 자식을 기르는 것을 배운 후에 결혼하는 사람은 없다'는 이 구절은, 삶의 진정한 배움은 실천을 통해 이루어진다는 강력한 메시지입니다. 누가 아이를 낳기 전에 육아서를 마스터하고 완벽한 부모가 되어 결혼을 할까요? 우리는 아이를 낳아 기르면서, 좌충우돌하며 사랑을 배우고, 인내를 배우며, 비로소 부모가 되어갑니다.

마찬가지로 우리가 추구하는 '지극한 선(至善)' 또한 그러합니다. 우리는 완벽한 인간이 되기를 기다리기보다, 먼저 '心誠求之 심성구지', 마음을 성실히 하여 구하는 것에서부터 시작해야 합니다. 마치 '如保赤子 여보적자', 갓난아이를 돌보듯 지극한 정성과 순수한 마음으로 선을 추구하고 덕을 실천하려 노력해야 합니다. 아기가 배고프면 울고, 불편하면 몸부림치듯이, 우리의 마음속에 선을 향한 진실하고 순수한 갈망이 있어야 한다는 것이죠. 이는 외부의 강요나 보상을 바라는 마음이 아니라 내면에서 우러나오는 진정한 동기가 얼마나 중요한지를 보여줍니다.

비록 우리가 처음부터 모든 것을 '정확히 맞추지는(不中)' 못하더라도 괜찮습니다. 『대학』은 '雖不中 不遠矣 수부중 부원의, 비록 정곡을 꿰뚫지는 못하더라도 멀지 않을 것이다.'라고 위로합니다.

완벽하지 않아도 좋습니다. 중요한 것은 포기하지 않고 진심을 다해 꾸준히 노력하는 것입니다. 한 번의 실패나 부족함에 낙담하여 주저앉기보다 그 경험을 통해 배우고 다시 일어설 때 우리는 목표에 한 걸음 더 가까이 다가갈 수 있습니다. 저는 글쓰기를 처음 시작했을 때, 완벽한 문장을 쓰려다 한 줄도 쓰지 못했던 경험이 있습니다. 하지만 "일단 쓰고 보자"는 마음으로 꾸준히 연습하자, 비록 부족할지라도 저만의 글을 완성할 수 있게 되었고, 그 과정에서 많은 것을 배울 수 있었습니다.

결국 『대학』의 이 가르침은 우리에게 이론에만 머무르지 말고, 용감하게 실천의 장으로 나아가라고 격려합니다. 갓난아이를 돌보는 부모의 지극한 마음처럼, 순수하고 진실한 열정으로 배우고 실천하는 과정을 통해 우리는 비록 완벽하지는 않더라도 '지극한 선'의 경지에 멀지 않게 도달할 수 있으며, 그 과정 속에서 진정한 깨달음과 성장을 이룰 수 있을 것입니다.

나를 향한 질문

- 당신의 삶에서 '자식을 기르는 것을 배운 후에 시집가는 사람'처럼 완벽한 준비만을 고집하다가 시작조차 하지 못했던 일이 있는가?
- 당신이 어떤 목표를 추구할 때, '갓난아이를 보살피듯' 순수하고 진실된 마음으로 임하고 있는가? 그리고 비록 완벽하지 않더라도 꾸준히 노력하고 있는가?

실천 과제

- 이번 주, 당신이 미루고 있던 중요한 일(학습, 프로젝트 등) 하나를 정하여, '완벽한 준비'보다 '일단 시작하고 그 과정에서 배우는 것'을 목표로 작은 첫걸음을 내디뎌 보자.
- 당신이 어떤 사람이나 대상을 대할 때, '대가나 계산' 없이 '갓난아이를 보살피듯' 순수하고 진심 어린 마음을 표현해보자.

  (예: 진심어린 칭찬, 작은 선물, 조건 없는 도움.)

CHAPTER 4

흔들리지 않는 내면을 만들다

수신修身의 근본은
정심正心에 있다

❖

所謂 修身 在正其心者.

소위 수신 재정기심자.

身(心)有所忿懥 則不得其正, 有所恐懼 則不得其正.

심(심)유소분치 즉부득기정. 유소공구 즉부득기정.

有所好樂 則不得其正, 有所憂患 則不得其正.

유소호요 즉부득기정, 유소우환 즉부득기정.

心不在焉 視而不見, 聽而不聞, 食而不知其味.

심부재언 시이불견, 청이불문, 식이부지기미.

此謂 修身 在正其心.

차위 수신 재정기심.

"몸을 닦음이란 마음을 바르게 함에 있다는 말은 바로 이런 뜻이다.

마음에 성냄이 있으면 바르지 못하고,

두려움이 있으면 바르지 못하며,

좋아하고 즐거워함이 지나치면 바르지 못하다.

근심이 있으면 또한 바르지 못하다.

마음이 거기에 있지 않으면 보아도 보이지 않고,

들어도 들리지 않으며, 먹어도 그 맛을 알지 못한다.

이것이 곧 '몸을 닦음은 마음을 바르게 함에 있다'는 뜻이다."

원문 해설

이 장은 '수신修身'의 근본이 '정심正心'에 있음을 강조하며, 마음이 바르지 못할 때 나타나는 문제점과 그 해결책을 제시한다.

'몸을 닦는 것은 그 마음을 바르게 하는 데 있다(修身在正其心)'는 『대학』의 핵심 가르침을 깊이 있게 설명한다. 마음이 성냄, 두려움, 즐거움, 근심에 사로잡히면 바른 상태를 잃고, 마음이 존재하지 않으면 보고도 보지 못하고, 듣고도 듣지 못하며, 먹어도 그 맛을 알지 못한다고 말한다. 이는 현대사회를 살아가는 우리에게 정서관리, 마음 챙김, 그리고 내면의 평정심 유지의 중요성을 강조한다.

所謂修身在正其心者 소위수신재정기심자 : '수신修身'은 자기 자신을 올바르게 단련하고 완성하는 것을 의미하며, 그 가장 근본적인 출발점이 정심正心, 즉 마음을 바르게 하는 데 있음을 천명한다.

身(心)有所忿懥 則不得其正 심유소분치 즉부득기정 : '분치忿懥'는 분노와 성냄을 의미한다. 마음이 분노에 사로잡히면 이성적이고 올바른 판단을 할 수 없게 되어 마음의 바른 상태를 잃게 된다.

有所恐懼 則不得其正 유소공구 즉부득기정 : '공구恐懼'는 공포와 두려움을 의미한다. 두려움에 사로잡히면 소극적이 되거나 잘못된 결정을 내리기 쉬워 마음이 올바른 상태를 유지할 수 없게 된다.

有所好樂 則不得其正 유소호요 즉부득기정 : '호락好樂'은 지나친 좋음

과 즐거움을 의미한다. 과도한 욕심이나 쾌락에 빠지면 절제력을 잃고 마음의 균형을 잃어버릴 수 있다.

有所憂患 則不得其正 유소우환 즉부득기정 : '우환憂患'은 근심과 걱정을 의미한다. 지나친 걱정은 정신을 흐트러뜨리고, 현실을 직시하지 못하게 하여 마음이 바른 상태를 유지할 수 없게 한다.

이 네 가지 감정(분노, 두려움, 좋아함/즐거움, 근심)은 사람이라면 누구나 가질 수 있는 마음의 작용이다. 그러나 이 감정들이 지나치거나 통제되지 않을 때 마음의 균형을 깨뜨리고 '바름(正)'을 잃게 만들어, 결국 올바른 수신을 방해한다는 것을 강조한다.

心不在焉 視而不見 聽而不聞 食而不知其味 심부재언 시이불견 청이불문 식이부지기미 : 마음이 산란하거나 다른 곳에 가 있으면, 눈으로 보고, 귀로 듣고, 혀로 맛보는 등 감각기관이 작동하더라도 그 대상을 제대로 인식하지 못한다는 것이다. 이는 '마음이 존재하지 않으면 아무것도 온전히 느낄 수 없다'는 깊은 통찰을 담고 있다. 마음의 부재는 삶의 경험을 온전히 누리지 못하게 하고, 외부의 정보를 제대로 파악하지 못하게 한다.

『집주集註』에 따르면, 마음이 존재하지 않으면 자신을 살펴 바르게 할 수 없으므로, 군자는 반드시 이 마음의 상태를 살피고 경건함(敬)으로 마음을 곧게 하여 마음이 항상 존재하게 함으로써 몸을 닦아야 한다고 설명한다. '경敬'은 마음을 한곳에 집중시키고 흐트러지지 않게 하는 태도를 의미한다.

핵심개념은 감정의 통제(忿懥, 恐懼, 好樂, 憂患), 마음의 부재가 초래하는 비효율성(心不在焉), '경敬'을 통한 마음의 유지, 그리고 이 모든 것이 '수신'의 근본인 '정심'에 귀결된다.

21세기 시선으로 보는 해석

이 구절들은 현대사회에서 우리가 겪는 정서적 불안정, 몰입 부족 그리고 삶의 질 저하 문제에 대한 심오한 해결책을 제시한다. 이는 감성지능(EQ), 마음 챙김(Mindfulness), 그리고 인지행동치료(CBT)와도 깊이 연결된다.

마음에 성냄, 두려움, 좋아함, 근심이 있으면 바름을 얻지 못한다.

'감정 조절의 중요성'을 말한다. 현대사회는 스트레스와 부정적 감정에 취약하다. 분노는 관계를 망치고, 두려움은 새로운 도전을 막으며, 지나친 쾌락은 자제력을 잃게 하고, 과도한 걱정은 정신을 피폐하게 만든다. 이 네 가지 감정의 균형을 잡고 올바르게 관리하는 것은 정신건강, 의사결정 능력, 그리고 대인관계 능력에 필수적이다. 감정에 휘둘리지 않고 이성적으로 판단할 때 비로소 우리는 '바른' 상태를 유지할 수 있다.

마음이 그곳에 있지 않으면 보아도 보이지 않고….

'몰입과 집중의 부재'를 경고한다. 스마트폰, 멀티태스킹 등 산만한 환경에서 우리는 종종 '멍하니' 시간을 보낸다. 중요한 회의에 참여해도 딴생각을 하거나, 식사를 하면서도 스마트폰만 들여다보며 맛을 느끼지 못한다. 이는 생산성 저하, 학습능력 저하, 그리고 삶의 만족도 감소로 이어진다. 마음이 현재 순간에 온전히 존재하지 않으면 우리는 진정으로 삶을 경험하고 학습할 수 없게 된다.

경敬으로써 마음을 바르게 한다.

'마음 챙김(Mindfulness)과 자기 성찰'의 실천적 방법이다. '경'은 마음을 한 곳에 모아 흐트러지지 않게 하는 경건한 자세를 의미한다. 이는 외부 자극에 흔들리지 않고 내면의 평온을 유지하며, 자신의 생각과 감정을 객관적으로 바라보는 '마음 챙김'과 유사하다. 꾸준한 명상, 자기성찰, 그리고 중요한 일에 대한 의식적인 집중은 마음을 '항상 그곳에 있게' 하여 우리의 '몸을 닦는' 데 기여한다.

궁극적으로 이 모든 것은 "수신은 정심에 있다"는 『대학』의 핵심 메시지를 재확인한다. 모든 자기계발, 리더십, 사회적 영향력의 출발점은 바로 내면의 평온하고 바른 마음에 있다는 것이다. 마음이 흔들리고 혼란스러우면 어떤 것도 제대로 이룰 수 없음을 강조한다.

단산의 대학 강의

우리는 매일 아침 거울을 보며 몸을 단정히 합니다. 하지만 『대학』은 외면의 단정함보다 훨씬 더 중요한 것이 있다고 말합니다. 그것은 바로 '몸을 닦는 것이 그 마음을 바르게 하는 데 있다.(所謂修身

在正其心者)'는 가르침입니다. 아무리 겉모습을 잘 가꾸어도 마음이 바르지 못하면 진정한 수신이 이루어질 수 없다는 것이죠.

마음이 바르지 못할 때 나타나는 현상들은 너무나도 익숙합니다. 성냄에 사로잡히면 분별력을 잃고(心有所忿懥 則不得其正), 두려움에 갇히면 아무것도 시도하지 못하며(有所恐懼 則不得其正), 지나친 쾌락에 빠지면 자제력을 잃고(有所好樂 則不得其正), 끝없는 근심에 잠기면 활력을 잃어버립니다(有所憂患 則不得其正).

저 역시 중요한 결정을 앞두고 걱정에 휩싸였을 때, 명확한 판단을 내리지 못하고 우왕좌왕했던 경험이 있습니다. 이처럼 우리의 마음이 특정 감정에 휘둘릴 때, 우리는 '바른(正)' 상태를 잃고 흔들리게 됩니다.

더 나아가 『대학』은 마음의 부재가 가져오는 심각성을 경고합니다. 마음이 그곳에 있지 않으면 보아도 보이지 않고, 들어도 들리지 않으며, 먹어도 그 맛을 알지 못한다(心不在焉 視而不見 聽而不聞 食而不知其味)'는 것입니다. 스마트폰을 보며 밥을 먹다가 무슨 맛이었는지 기억하지 못하고, 회의 중에 딴생각을 하느라 중요한 내용을 놓치는 일은 현대인의 일상에서 흔히 벌어집니다. 우리의 마음이 현재 순간에 온전히 집중하지 못할 때, 우리는 삶의 중요한 경험들을 놓치고, 진정한 만족을 느끼지 못하며, 제대로 배우고 성장할 기회를 잃게 됩니다. 이는 단순히 피곤해서가 아니라 마음이 분산되어 '존재하지' 않기 때문에 벌어지는 일입니다.

그렇다면 어떻게 마음을 바르게 할 수 있을까요? 『대학』은 '경敬'

이라는 자세를 강조합니다. 마음을 흐트러뜨리지 않고, 한 곳에 집중하며, 자신을 엄숙히 다스리는 '경'의 마음으로 우리 내면을 곧게 세워야 합니다. 이는 오늘날 '마음 챙김(Mindfulness)' 명상이나 '디지털 디톡스'와 같은 노력과 맞닿아 있습니다. 외부의 자극에 흔들리지 않고 내면의 평온을 유지하며, 현재 순간에 온전히 집중할 때, 우리의 마음은 비로소 제자리를 찾고 바르게 설 수 있습니다.

此謂 修身在正其心 차위 수신재정기심, 이 모든 것을 통틀어 몸을 닦는 것은 그 마음을 바르게 하는 데 있다고 다시 한 번 강조합니다. 우리가 진정으로 변화하고 성장하며, 삶의 모든 영역에서 탁월함을 추구하고 싶다면, 그 시작은 나의 내면, 즉 나의 마음을 바르게 세우는 것에서부터 시작되어야 합니다. 마음이 바로 서지 않으면, 어떤 노력도 모래 위에 지은 집과 같을 것입니다.

나를 향한 질문

- 당신은 당신의 '마음'이 성냄, 두려움, 즐거움, 근심 중 어떤 감정에 가장 자주 '바름을 잃는(不得其正)'다고 느끼는가?
- 당신의 일상에서 '마음이 그곳에 있지 않아' 중요한 것을 놓치거나 온전히 경험하지 못했던 순간은 언제였는가? 그런 순간을 줄이기 위해 어떤 노력을 해볼 수 있을까?

실천 과제

– 이번 주 동안 당신이 특정 감정(분노, 불안 등)에 휩싸일 때, 그 감정에 즉시 반응하기보다 잠시 멈춰 서서 그 감정이 어디에서 오는 것인지, 그리고 나의 마음을 어떻게 흔들고 있는지 객관적으로 '살펴보는' 연습을 해보자.

– 하루에 5분이라도 '마음이 온전히 그곳에 있게' 하는 연습을 해보자. (예: 식사 중에는 오직 음식의 맛과 향에만 집중하기, 걸을 때는 발바닥의 감각과 주변 풍경에만 집중하기.)

제가齊家의 근본은
수신修身에 있다

所謂齊其家 在修其身者, 人之其所親愛而辟焉, 之其所賤惡而辟焉,

소위제기가 재수기신자, 인지기소친애이벽언, 지기소천오이벽언,

之其所畏敬而辟焉, 之其所哀矜而辟焉, 之其所敖惰而辟焉.

지기소외경이벽언, 지기소애긍이벽언, 지기소오타이벽언.

故 好而知其惡, 惡而知其美者, 天下鮮矣.

고 호이지기악, 오이지기미자, 천하선의.

故諺有之曰, 人莫知其子之惡 莫知其苗之碩.

고언유지왈, 인막지기자지악 막지기묘지석.

此謂身不修 不可而齊其家.

차위신불수 불가이제기가

"친하고 사랑하는 이를 대할 때 편벽됨(辟)이 있고,

미워하고 천하게 여기는 이를 대할 때 편벽됨이 있고,

두려워하고 공경하는 이를 대할 때 편벽됨이 있고,

불쌍히 여기는 이를 대할 때 편벽됨이 있고,

이익을 좇을 때에도 편벽됨이 있다.

그러므로 좋아하면서도 그 속의 나쁨을 알고,

미워하면서도 그 속의 아름다움을 아는 사람은 세상에 드물다.

그러므로 속담에 이르기를,

'사람은 자기 자식의 잘못을 알지 못하고,

자기 밭의 벼가 더 잘 됨을 알지 못한다.' 하였다.

이것이 바로 몸을 닦지 않으면 집안을 가지런히 할 수 없다는 말이다."

원문 해설

이 구절은 '제가齊家'의 근본이 '수신修身'에 있음을 강조하며, 사람들이 관계 속에서 빠지기 쉬운 편견과 그로 인해 자신을 객관적으로 보지 못하는 문제를 지적하고 있다.

"집안을 가지런히 하는 것이 그 몸을 닦는 데 있다(齊其家 在修其身)"는 구절은 『대학』의 중요한 가르침을 설명한다. 사람이 친애하는 대상, 싫어하는 대상, 두려워하는 대상, 불쌍히 여기는 대상, 오만하게 여기는 대상에 대해 편벽한 마음을 갖기 쉽고, 그로 인해 자신을 제대로 알기 어렵다고 지적한다. 이는 인간관계에서의 편견과 자기 객관화의 어려움을 이야기하며, 가정을 다스리기 위한 자기수양의 근본적인 중요성을 강조함이다.

所謂齊其家 在修其身者 소위제기가 재수기신자 : 제가齊家는 가족구성원 간의 관계를 조화롭게 하고 가정을 질서 있게 다스리는 것을 의미한다. 그 근본이 수신修身, 즉 자신의 몸과 마음을 올바르게 다스리는 데 있음을 천명한다.

다섯 가지 편벽偏僻**함** : 다음의 다섯 가지 경우는 사람들이 대상을 대할 때 '편벽偏僻'한 마음을 갖기 쉬움을 설명한다.

'편벽(僻)'은 치우치거나 편협한 마음을 의미한다.

1. 人之其所親愛而辟焉 인지기소친애이벽언 : 자기가 친애하는 대상에게 편벽된다.

지나치게 사랑하는 대상에게는 단점조차 보지 못하고 무조건적인 애정을 쏟는 경향이 있다. (예: 자식에 대한 맹목적인 사랑)

2. 之其所賤惡而辟焉 지기소천오이벽언 : 자기가 천하게 여기고 싫어하는 대상에게 편벽된다.

자기가 싫어하는 대상에게는 장점마저 외면하고 단점만을 부각시켜 비난하는 경향이 있다.

3. 之其所畏敬而辟焉 지기소외경이벽언 : 자기가 두려워하고 공경하는 대상에게 편벽된다.

권력이나 지위를 가진 사람 앞에서는 지나치게 위축되거나 맹목적으로 따르며 비판적 사고를 잃기 쉽다.

4. 之其所哀矜而辟焉 지기소애긍이벽언 : 자기가 불쌍히 여기는 대상에게 편벽된다.

불쌍한 처지에 있는 사람에게는 이성적인 판단을 잃고 감정에 치우쳐 동정심으로 인해 옳지 못한 것을 옹호하기도 한다.

5. 之其所敖惰而辟焉 지기소오타이벽언 : 자기가 오만하게 여기고 게을리 하는 대상에게 편벽된다.

자신보다 못하다고 생각하는 사람에게는 오만하게 굴거나 무시하며, 그들의 장점을 보지 못하는 경향이 있다.

故 好而知其惡 惡而知其美者 天下鮮矣 고 호이지기악 오이지기미자 천하선의: "그러므로 좋아하는 대상의 나쁜 점을 알고, 싫어하는 대상의 좋은 점을 아는 사람은 세상에 드물다."

위에 언급된 편견들 때문에 사람들은 자신이 좋아하는 것의 단점을 보지 못하고, 싫어하는 것의 장점을 보지 못하게 된다. 이는 자기 객관화의 어려움을 단적으로 보여준다.

故諺有之曰, 人莫知其子之惡 莫知其苗之碩. 此謂身不修 不可而齊其家 고언유지왈, 인막지기자지악 막지기묘지석. 차위신불수 불가이제기가 : 그러므로 속담에 이르기를, 사람은 자기 자식의 나쁜 점을 알지 못하며, 자기 밭의 싹이 더 큰 것을 알지 못한다고 하였다. 이것은 몸을 닦지 않으면 집안을 가지런히 할 수 없다는 것을 말한다.

人莫知其子之惡 인막지기자지악 : 자신의 자식에게는 맹목적인 사랑 때문에 단점을 보지 못하는 부모의 편애를 비유한다.

莫知其苗之碩 막지기묘지석 : 자신의 밭에 있는 싹이 남의 집 밭에 난 싹보다 더 크게 자라고 있음을 알지 못하는 농부의 경우를 비유한다. 이는 자신에게 너무나 익숙하고 가까운 대상을 객관적으로 평가하기 어려움을 보여준다.

결론적으로 이러한 편벽된 마음 때문에 '**身不修** 신불수', 즉 자기 자신을 바르게 닦지 못하면 '**不可而齊其家** 불가이제기가', 집안을 제대로 다스릴 수 없음을 최종적으로 강조한다. 가정을 다스리는 지혜는 결국 나 자신을 객관적으로 보고, 마음의 편견을 다스리는 데서 시작된다는 것이다.

핵심개념은 인간관계에서의 편견(五偏), 자기 객관화의 어려움(好而
知其惡 惡而知其美者 天下鮮矣), 가장 가까운 대상에 대한 맹목성(人莫知其
者之惡 莫知其苗之碩), 그리고 이 모든 문제의 해결책으로서 '수신修身'
의 근본적인 중요성이다.

21세기 시선으로 보는 해석

이 구절은 현대사회에서 우리가 직면하는 인간관계의 어려움, 리
더십의 함정, 그리고 자기 인식의 부족 문제에 대한 심오한 통찰을
제공한다. 이는 정서적 편향, 확증 편향, 그리고 객관적인 자기 평가
의 중요성과 깊이 연결된다.

'친애, 천오, 외경, 애긍, 오타'의 다섯 가지 편견은 '관계 속에서
의 감정적 편향'을 지적한다. 현대사회는 다양한 관계 속에서 살아
간다.

직장 상사에 대한 맹목적인 복종, 특정 그룹에 대한 배타적 시선,
약자에 대한 무분별한 동정심, 혹은 특정 사람에 대한 질투나 무시
등은 모두 '편벽된' 마음에서 비롯된다. 이러한 감정적 편향은 합리
적인 판단을 흐리게 하고, 건강한 소통을 방해하며, 갈등을 심화시
키는 주범이 된다.

"좋아하는 것도 싫어할 만한 단점이 있음을 알고, 싫어하는 것도
좋아할 만한 장점이 있음을 아는 사람이 드물다."는 '확증 편향과 자
기 객관화의 어려움'을 의미한다. 우리는 자신이 믿고 싶거나 보고

싶은 것만 보려는 경향이 있다. 특히 디지털 시대에는 알고리즘이 우리가 좋아하는 정보만 제공하여 이러한 확증 편향을 심화시킨다.

자신의 자식을 객관적으로 보기 어려운 부모처럼, 자기 자신이나 자신에게 가까운 대상을 객관적으로 평가하기란 매우 어렵다. 이는 비판적 사고 능력, 다양한 관점 수용, 그리고 건설적인 피드백 수용 능력의 중요성을 강조한다.

"몸을 닦지 않으면 집안을 가지런히 할 수 없다"는 '내면의 성장이 외부 관계의 핵심'임을 역설한다. 가정은 가장 기본적인 공동체이자 인간관계의 축소판이다. 가정을 잘 다스리는 것은 곧 자신을 잘 다스리는 능력에서 비롯된다.

자기중심적이거나 편견에 사로잡힌 사람은 가족 내에서도 갈등을 유발하고 조화를 깨뜨리기 쉽다. 이는 개인의 성숙이 가족의 행복과 직결됨을 보여주며, 건강한 가정은 사회의 근간이라는 메시지를 담고 있다.

결론적으로 이 구절은 '자기 성찰과 자기 객관화'가 건강한 관계 특히, 가장 가까운 가족 관계를 형성하는 데 있어 얼마나 중요한지를 보여준다. 편견을 극복하고 자신을 바르게 다스릴 때 비로소 우리는 타인과 조화롭게 지내며, 자신의 영역을 바르게 만들 수 있다.

단산의 대학 강의

우리는 누구나 사랑하는 사람에게는 한없이 너그러워지고, 싫어하는 사람에게는 작은 실수조차 용납하기 어려워합니다. 직장에서는 상사의 말이라면 맹목적으로 따르기도 하고, 반대로 아랫사람의 의견은 쉽게 무시하기도 합니다. 『대학』은 이러한 인간 본연의 편향된 마음을 꿰뚫어 보며, "所謂齊其家 在修其身者 소위제기가 재수기신자, 즉 집안을 가지런히 하는 것이 그 몸을 닦는 데 있다"는 깊은 진실을 전합니다.

가장 먼저 『대학』은 우리가 관계 속에서 빠지기 쉬운 다섯 가지 편견을 지적하고 있습니다. 사랑하는 대상에게는 단점마저 아름답게 보고(親愛而辟焉), 미워하는 대상에게는 장점마저 밉게 봅니다(賤惡而辟焉). 권위 있는 사람 앞에서는 한없이 약해지고(畏敬而辟焉), 불쌍한 사람에게는 감정에 치우치며(哀矜而辟焉), 자신보다 못하다고 여기는 사람에게는 오만해지기 쉽습니다(敖惰而辟焉). 이러한 편견들은 우리의 눈을 가리고, 객관적인 판단을 흐리게 만듭니다.

그래서 『대학』은 "좋아하는 것의 나쁜 점을 알고, 싫어하는 것의 좋은 점을 아는 사람은 세상에 드물다.(好而知其惡 惡而知其美者 天下鮮矣)"고 한탄합니다. 이는 우리가 얼마나 확증 편향에 취약한지를 보여줍니다. 내 자식의 단점은 쉽게 보지 못하고, 내 밭의 싹이 너무 크게 자라 다른 작물을 해치는 것도 모르는 농부의 비유처럼, 우리는 가장 가까운 대상일수록 객관적인 시선을 잃기 쉽습니다. 저 또한 사랑하는 가족에게는 잔소리가 늘고, 때로는 그들의 단점을 너무 쉽게 간과하며 지나친 간섭을 했던 경험이 있습니다. 반면, 불편한 관계에 있는 사람에게는 그들의 좋은 점을 인정하기를 꺼려했던 적도 있습니다.

이 모든 편견과 자기 객관화의 어려움은 결국 '수신修身'의 부족에서 비롯됩니다. 『대학』은 이러한 편벽된 마음을 다스리지 못하면, 즉 '몸을 닦지 않으면 집안을 가지런히 할 수 없다(身不修 不可而齊其家).'고 단언합니다.

가정이란 가장 기본적인 공동체이자, 우리의 민낯이 가장 적나라하게 드러나는 곳입니다. 내 마음의 편견과 감정의 치우침을 다스리지 못하면, 가족 간의 갈등은 끊이지 않을 것이고, 진정한 화목을 이루기 어려울 것입니다.

결국 『대학』의 '수신제가'에 대한 가르침은 우리에게 자신의 내면을 깊이 들여다보고, 관계 속에서 발생하는 편견을 인지하며, 스스로를 객관적으로 평가할 수 있는 능력을 기를 때 비로소 건강하고 조화로운 가정을 만들 수 있음을 역설합니다. 가족 관계의 회복은 나의 마음을 다스리는 것에서부터 시작되는 것입니다.

나를 향한 질문

- 당신은 당신의 가족구성원이나 가장 가까운 관계에서, '좋아하는 것의 나쁜 점을 알거나 싫어하는 것의 좋은 점을 아는' 객관적인 시선을 얼마나 유지하고 있다고 생각하는가?
- 당신이 관계 속에서 '편벽된' 마음을 가지고 있다고 느낀 적이 있다면, 그 편향이 당신의 행동이나 결정에 어떤 영향을 미쳤는가?

실천 과제

- 이번 주 동안, 당신이 평소에 가장 '친애하는' 또는 '싫어하는' 사람을 한 명 정하여, 그 사람의 단점이나 장점을 객관적으로 바라보려 노력하는 시간을 가져보자. (예: 그 사람의 행동이나 말을 편견 없이 기록해보기.)
- 당신이 가족구성원 중 한 명에게 지나치게 편향된 시선을 가지고 있다면, 잠시 멈춰 서서 그 사람의 입장에서 상황을 이해하고 '바르게' 보려 노력하는 대화를 시도해보자.

CHAPTER 5

리더십의 첫걸음

치국治國의 근본은
'제가齊家'에 있다

所謂治國 必先齊其家者. 其家不可敎 而能敎人者 無之.

소위치국 필선제기가자. 기가불가교 이능교인자 무지.

故 君子 不出家 而成敎於國.

고 군자 불출가 이성교어국.

故君子不出家而成敎於國.

고군자불출가이성교어국.

"이른바 '나라를 다스리려면

반드시 먼저 집안을 가지런히 해야 한다'는 말은 이 뜻이다.

그 집안을 가르칠 수 없으면서 남을 가르칠 수 있는 자는 없기 때문이다.

그러므로 군자는 집을 떠나지 않고서도 나라를 교화시킨다.

효孝는 임금을 섬기는 방법이요,

제(弟, 공경하고 순종하는 태도)는 윗사람을 섬기는 방법이요,

자(慈, 자애)는 많은 사람을 부리는 방법이다."

원본 해설

이 구절들은 "나라를 다스리는 것이 반드시 먼저 그 집안을 가지런히 하는 데 있다.(治國 必先齊其家)"는 『대학』의 중요한 가르침을 설명한다. 자신의 집안을 교육할 수 없으면서 남을 교육할 수 있는 사람은 없다고 단언하며, 군자는 집을 벗어나지 않고도 나라에 가르침을 이룬다고 말한다. 이는 가정에서의 도덕적 실천(효, 제, 자)이 사회와 국가를 다스리는 근본적인 능력으로 확장됨을 강조한다. 즉 가정교육의 중요성과 리더의 솔선수범이 사회 전반에 미치는 영향력을 이야기한다.

所謂治國 必先齊其家者 소위 치국 필선제기가자 : 치국治國은 국가나 공동체를 통치하고 관리하는 것을 의미한다. 그 근본이 제가齊家, 즉 자신의 가정을 조화롭고 질서 있게 다스리는 데 있음을 명확히 한다.

其家不可敎 而能敎人者無之 기가불가교 이능교인자무지 : 이는 가정이 가장 기본적인 교육의 장이며, 자신의 가장 가까운 사람들을 올바르게 이끌지 못하는 사람은 더 넓은 공동체나 국가를 다스릴 자격이 없다는 것을 강력하게 역설한다. 가족조차 설득하고 가르치지 못하는 사람이 어떻게 타인과 대중을 설득하고 교육할 수 있겠느냐는 반문이다.

故 君子 不出家 而成敎於國 고 군자 불출가 이성교어국 : 여기서 '불출가不出家'는 물리적으로 집 밖에 나가지 않는다는 의미를 넘어선다. 군자가 집안에서 효도하고 형제간에 우애하며 자식에게 자애로운 모습

을 보여, 가족구성원들을 올바르게 이끄는 것만으로도 그 덕과 가르침이 자연스럽게 사회 전반으로 확산되어 나라를 교화하는 효과를 가져온다는 의미다. 즉 리더의 솔선수범과 가정에서의 모범적인 실천이 가장 강력한 교육이자 리더십이 됨을 강조한다.

孝者 所以事君也 효자 소이사군야 : 효孝라는 것은 임금을 섬기는 근본이 되는 것이다.

부모님께 효도하는 마음과 태도는 윗사람인 임금(혹은 상사, 권위자)을 공경하고 따르는 마음으로 자연스럽게 이어진다는 것이다. 가정에서의 효심이 국가에 대한 충성심으로 확장된다.

弟者 所以事長也 제자 소이사장야 : 공경하는 것은 윗사람을 섬기는 방법이다.

형제간에 우애를 다하고 연장자를 공경하는 마음은 사회생활에서 나이 많거나 지위 높은 사람을 존중하고 따르는 태도로 연결된다.

慈者 所以使衆也 자자 소이사중야 : 자애로운 것은 대중을 부리는 방법이다.

부모가 자식에게 자애로운 마음으로 보살피고 사랑하듯이, 리더가 백성(혹은 조직 구성원)을 사랑하고 아끼는 마음으로 대할 때 비로소 그들을 올바르게 이끌 수 있다는 것이다. 강압이 아닌 사랑과 배려를 통한 리더십을 강조한다.

핵심개념은 가정교육의 근본성(其家不可教 而能教人者無之), 리더의 가정 내 모범(君子不出家而成教於國), 그리고 가정 윤리(효, 제, 자)의 사회적 덕목으로의 확장(事君, 事長, 使衆)이다. 이는 곧 '수신修身'이 '제가齊家'를 거쳐 '치국治國'으로 나아가는 연쇄적인 관계를 명확히 보여준다.

21세기 시선으로 보는 해석

이 구절은 현대사회에서 리더십의 본질, 조직문화 형성, 가정의 역할, 그리고 윤리경영의 중요성과 깊이 연결된다. 특히, '출가하지 않고도 나라를 다스린다'는 개념은 솔선수범의 리더십과 문화적 영향력을 강조한다.

집안을 교육할 수 없으면서 남을 교육할 수 있는 자는 없다.

'리더의 역량 검증과 진정성'을 의미한다. 아무리 화려한 경력이나 뛰어난 언변을 가진 리더라도, 자신의 가족과의 관계에서 문제가 있거나 사생활이 문란하다면 그 리더십은 신뢰를 얻기 어렵다.

가족은 리더의 가장 기본적인 '시험대'이자 '진정성'을 판단하는 기준이 된다. 이는 리더십 교육의 실제적 중요성, 그리고 개인의 삶과 공적 삶의 일치를 강조한다.

군자는 집을 벗어나지 않고도 나라에 가르침을 이룬다.

'솔선수범의 리더십과 문화적 파급 효과'다. 리더는 거창한 연설이나 지시보다, 자신의 일상적인 삶과 가정에서의 모범적인 태도를 통해 가장 강력한 영향력을 발휘할 수 있다.

가정에서 쌓은 올바른 가치관과 태도는 자연스럽게 직장과 사회로 퍼져나가 건강한 조직문화와 사회적 분위기를 형성한다. 이는 윤리경영, 모범적인 기업문화, 그리고 가정 친화적 정책의 중요성을 역설한다.

'효, 제, 자'가 '사군, 사장, 사중'으로 확장

'관계 능력의 보편성'을 보여준다.

- **효孝는 임금을 섬기는 것** : 부모님에 대한 존경심과 책임감은 조직의 리더나 상사를 존중하고 그들의 비전에 따르는 태도로 이어진다. 이는 조직 내 위계질서 존중과 충성심으로 해석된다.
- **제弟는 윗사람을 섬기는 것** : 형제자매와의 우애와 배려는 동료나 선배들과의 협력적인 관계를 형성하는 데 기초가 된다. 이는 팀워크, 동료애, 그리고 공동체 의식의 중요성을 강조한다.
- **자子는 대중을 부리는 것** : 자녀에 대한 자애로운 마음은 리더가 구성원들을 따뜻하게 보살피고 역량을 키워주는 서번트 리더십Servant Leadership과 연결된다. 이는 직원 존중, 인재육성, 그리고 포용적 리더십의 핵심이다.

단산의 대학 강의

우리는 흔히 '나라를 다스린다'는 거창한 일을 생각할 때, 위대한 전략이나 강력한 정책을 떠올립니다. 하지만 『대학』은 그 모든 것의 시작점이 다름 아닌 '가정'에 있다고 말합니다. 나라를 다스리려면 반드시 먼저 그 집안을 가지런히 해야 합니다.

"자신의 집안을 교육할 수 없으면서 남을 교육할 수 있는 사람은 없다.(所謂治國 必先齊其家者 其家不可敎 而能敎人者無之)"는 이 구절은, 리더십의 가장 기본적인 자격을 제시합니다. 가족조차 제대로 이끌지 못하면서 어떻게 수많은 사람들을 다스릴 수 있겠느냐는 준엄한 질문인 셈입니다.

이는 비단 정치 지도자에게만 해당되는 말이 아닙니다. 직장에서 팀을 이끄는 리더에게도, 동아리를 운영하는 사람에게도, 심지어 친구들 모임의 리더에게도 마찬가지입니다. 자신의 가장 가까운 사람들과의 관계조차 제대로 관리하지 못한다면, 그 영향력을 더 넓은 곳으로 확장하기는 불가능할 것입니다.

저는 한때 직장에서 뛰어난 능력을 가진 상사를 보았지만, 그분의 가족관계가 좋지 않다는 소문을 듣고 내심 실망했던 경험이 있습니다. 능력은 뛰어나도 인간적인 신뢰가 부족하다는 인상을 받았죠.

『대학』은 바로 이런 이유 때문에 "군자는 집을 벗어나지 않고도 나라에 가르침을 이룬다(故君子不出家而成敎於國)"고 강조합니다. 물리적으로 집 밖으로 나가지 않는다는 의미가 아닙니다. 군자가 자신의 가정에서 효孝, 제弟, 자慈라는 보편적인 윤리 덕목을 몸소 실천하고 모범을 보일 때, 그 덕은 자연스럽게 가정 밖으로 퍼져나가 사회에 긍정적인 영향을 미친다는 것입니다.

부모님께 효도하는 마음은 직장 상사나 사회의 어른들을 공경하는 '사군事君'의 태도로 이어지고, 형제간에 우애를 다지고 연장자를 공경하는 마음은 동료나 선배들과 협력하는 '사장事長'의 자세로 발전하게 되며, 자녀에게 자애로운 마음으로 보살피는 부모의 모습은 리더가 조직 구성원들을 사랑하고 배려하며 이끄는 '사중使衆'의 리더십으로 확장됩니다.

결국 『대학』은 가장 작은 단위인 '나(修身)'에서 시작된 자기 수양이 '가정(齊家)'이라는 공동체를 통해 단단해지고, 그 단단함이 비로소 '사회와 국가(治國)'라는 더 큰 영역으로 퍼져나가 평화를 이룰 수 있음을 보여줍니다. 오늘날 우리가 가정의 가치를 재발견하고, 가족과의 관계를 돈독히 하며, 그 안에서 리더십을 연습하는 것이야말로 더 나은 사회를 만드는 가장 근본적인 첫걸음임을 잊지 말아야 할 것입니다.

나를 향한 질문

- 당신은 당신의 가정에서 '효, 제, 자'의 덕목을 얼마나 실천하고 있다고 생각하는가? 그리고 그 실천이 당신의 사회생활이나 직장생활에 어떤 영향을 미치고 있는가?
- 당신이 속한 조직이나 사회에서 '치국治國'의 역할을 하는 리더가 있다면, 그가 '가정(齊家)'에서의 모범을 얼마나 잘 보여주고 있다고 평가하는가?

실천 과제

- 이번 한 주 동안, 당신의 가족 중 한 명에게 진심으로 '효, 제, 자'의 마음을 담아 작은 행동 하나를 실천해보자. (예: 부모님께 전화 드리기, 형제자매에게 진심으로 칭찬하기, 자녀의 말에 귀 기울여 주기.)

- 당신이 속한 조직이나 팀에서 '리더'의 역할을 맡고 있다면, 당신의 '가정'에서의 모습이 조직의 구성원들에게도 긍정적인 영향을 미칠 수 있도록 '솔선수범'하는 모습을 보여주는 작은 계획을 세워보자.

가정의 화목은
사회 변화의 시작

詩云, 桃之夭夭 其葉蓁蓁. 之子于歸 宜其家人.

시운, 도지요요 기엽진진. 지자우귀 의기가인.

宜其家人而后 可以敎國人.

의기가인이후 가이교국인.

"『시경』에 이르기를,

복숭아나무가 꽃피어 아름답고, 그 잎이 무성하도다.

이 처녀가 시집가니, 그 집안사람과 잘 어울리리라.

집안사람을 화목하게 한 뒤에라야,

나라 사람들을 가르칠 수 있다."

원문 풀이

이 구절은 '집안을 가지런히 하는 것(齊家)'의 중요성을 『시경』「주남 도요」편의 아름다운 시를 인용하여 다시 한 번 강조한다. 시를 통해 가정의 화목과 조화가 이루어진 후에야 비로소 더 넓은 사회를 교화할 수 있음을 말함이다.

이는 가정의 역할이 사회에 미치는 근본적인 영향력과 개인의 성숙이 공동체에 기여하는 과정을 비유적으로 설명한다.

시는 아름다운 복숭아나무가 무성한 잎을 드리우듯, 덕이 풍성한 여인이 시집가서 그 가정의 모든 사람(家人)과 잘 어울리고, 조화를 이루며 화목하게 만드는 모습을 찬양한다. 여기서 '의宜'는 '마땅하다', '잘 어울리다', '화목하게 하다'는 의미를 담고 있다.

그리고 이 구절의 의미를 '제가齊家'의 중요성으로 연결한다. 즉 자신의 가장 가까운 공동체인 가정에서부터 화목함과 질서를 이루고 덕을 실천하여 모범을 보인 후에야 비로소 더 넓은 사회인 나라의 백성들(國人)에게 가르침을 베풀고 교화할 수 있음을 강조한다. 가정에서조차 덕을 실천하지 못하는 사람이 어떻게 사회 전체를 이끌고 가르칠 수 있겠느냐는 논리다.

핵심개념은 가정의 화목과 조화(宜其家人), 개인의 덕이 가정에 미치는 영향, 그리고 가정에서의 성공적 실천이 사회적 영향력의 기반이 됨(宜其家人而后 可以敎國人)이다. 이는 '수신제가치국평천하'의 연속적인 흐름 속에서 '제가'가 '치국'의 필수 전제 조건임을 다시 한번 강조한다.

21세기 시선으로 보는 해석

이 구절은 현대사회에서 가정의 중요성, 리더의 '안팎 일치', 그리고 조직문화 형성의 근간과 깊이 연결된다. 특히 핵가족화 되고 개인주의가 심화되는 현대사회에서 가정의 가치를 재발견하게 된다.

복숭아나무는 어리고 무성하며⋯. 아가씨가 시집가니 그 집안사람들과 잘 어울리리라.

'건강한 가정의 이상적인 모습'을 제시한다. 이는 단순히 혈연으로 묶인 공동체를 넘어, 서로 존중하고 배려하며 화목하게 지내는 가정이 얼마나 아름다운지를 보여준다. 현대사회에서도 가족 간의 갈등이 증가하고 있지만, 이 구절은 가족구성원 간의 조화와 소통, 그리고 서로에게 긍정적인 영향을 미치는 태도의 중요성을 상기시킨다.

그 집안사람들에게 마땅하게 한 후에야 나라 사람들을 가르칠 수 있다.

'리더의 가정 내 모범과 진정성'을 강조한다. 기업의 CEO가 아무리 사회적으로 훌륭한 비전을 제시하고 직원들에게 인자함을 강조해도, 그의 가정이 불화하거나 자녀와의 관계가 좋지 않다는 소문이 돌면 그 리더십의 진정성은 의심받을 수 있다. 이는 '개인의 삶과 공적인 삶의 일치', '윤리적 리더십', 그리고 '진정성 있는 평판 관리'와 직결된다. 가정에서의 성공은 리더십 역량의 기초가 된다.

이 구절은 또한 '조직문화의 근간이 되는 소규모 그룹'의 중요성을 시사한다. 가정이 사회의 가장 작은 단위라면, 기업 내에서는 팀이나 부서가 이에 해당할 수 있다. 작은 팀 내에서부터 협력과 존중의 문화가 형성되어야, 더 큰 조직 전체로 긍정적인 영향을 확산시킬 수 있다는 것이다. 이는 팀워크, 소그룹 리더십, 그리고 조직문화 구축에 대한 통찰을 제공한다.

단산의 대학 강의

따스한 봄날, 길을 걷다 탐스럽게 피어난 복숭아꽃을 보면 저절로 미소가 지어집니다.『시경』의 "桃之夭夭 其葉蓁蓁 之子于歸 宜其家人 도지요요 기엽진진 지자우귀 의기가인"이라는 구절은 그 아름다운 복숭아나무처럼, 덕을 갖춘 아가씨가 시집가서 그 가정에 화목함을 가져다주는 모습을 노래합니다. 이는 비단 결혼하는 여성에게만 해당하는 이야기가 아닙니다. 우리 모두가 자신의 가장 가까운 공동체인 가정에서부터 화목과 조화를 이루는 것이 얼마나 중요한지를 은유적으로 보여줍니다.

서로 이해하고 배려하며, 각자의 역할에서 최선을 다해 가정을 편안하게 만드는 것, 이것이 바로 '의기가인宜其家人'의 참된 의미일 것입니다.

우리는 흔히 '집 밖에서는 대인이지만 집 안에서는 소인'이라는 말을 듣곤 합니다. 사회에서는 친절하고 능력 있는 사람으로 인정받지만, 정작 가장 가까운 가족들에게는 무심하거나 화를 내는 경우가 많다는 자조적인 표현이죠. 하지만『대학』은 경고합니다. "宜其家人而后 可以教國人 의기가인이후 가이교국인, 즉 그 집안사람들에게 마땅하게 한 후에야 나라 사람들을 가르칠 수 있다"는 것입니다.

가족조차 제대로 돌보지 못하고, 가정에서 화목을 이루지 못하는 사람이 어떻게 더 넓은 사회나 조직을 이끌고 사람들에게 영향을 미칠 수 있겠습니까?

직장에서 아무리 뛰어난 성과를 내는 팀장이라 할지라도, 그가 집에서 자녀에게 무관심하고 배우자와 불화한다면, 그 리더십의 진정성은 결국 의심받게 될 것입니다. 저 역시 한때 업무에만 몰두하다가 가족들과 소원해진 경험이 있습니다. 그때 제가 내린 중요한 결론은, 제가 아무리 밖에서 좋은 성과를 내고 인정받아도, 제 가정이 평화롭지 않으면 진정한 행복을 느낄 수 없다는 것이었습니다.

가정에서의 불화는 결국 제 마음을 불안하게 만들고, 업무에도 부정적인 영향을 미쳤습니다.

『대학』은 가정에서의 실천이 가장 기본적인 리더십 훈련임을 강조합니다. 가족구성원 각자의 개성을 존중하고, 갈등이 생겼을 때 인내심을 가지고 소통하며, 서로의 부족함을 보듬어주는 과정은 더 큰 공동체인 사회를 다스리는 데 필요한 능력의 근간이 됩니다. 가정에서 '의기宜其'의 덕목을 쌓은 사람이야말로 진정으로 사람들을 포용하고 이끌 수 있는 '군자'가 될 자격이 있는 것입니다.

그러므로 오늘날 우리는 '집안을 가지런히 하는 것'의 진정한 의미를 다시금 새겨야 합니다. 나의 가정을 평화롭고 조화롭게 만드는 작은 노력이, 결국은 더 넓은 사회를 밝히고 아름답게 만드는 위대한 첫걸음임을 잊지 말아야 할 것입니다.

나를 향한 질문

– 당신의 가정에서 '복숭아나무처럼 아름답고 잎이 무성한' 조화
로움을 만들기 위해 어떤 노력을 하고 있는가?
– 당신은 '그 집안사람들에게 마땅하게' 대함으로써, 당신의 리
더십이나 영향력이 더 넓은 사회로 확장될 수 있다고 생각하는
가?

실천 과제

– 이번 주, 당신의 가족 중 한 명에게 평소보다 더 많은 관심과
배려를 보여주어, '의기가인 宜其家人'의 한 걸음을 실천해보
자.(예: 진심 어린 칭찬, 작은 도움, 함께하는 시간 늘리기.)
– 당신이 속한 조직이나 팀의 리더로서, 당신의 '가정'에서의 모
습이 조직원들에게도 긍정적인 영향을 미칠 수 있도록 '안팎이
일치하는' 모습을 보여주는 작은 계획을 세워보자.

형제간 우애友愛는
치국治國의 든든한 기반

詩云, 宜兄宜弟, 宜兄宜弟而后 可以教國人.

시운, 의형의제, 의형의제이후 가이교국인.

"『시경』에 이르기를,
'형제간에 서로 잘 어울리라(형은 형답고, 아우는 아우답게 하라)' 하였으니,
형제간에 화목한 뒤에야 나라 사람을 가르칠 수 있다."

원문 해설

이 구절은 『시경』「소아 료소」편의 시를 인용하여, '형제간에 우애를 다하는 것(宜兄宜弟)'이 집안을 가지런히 하는(齊家) 핵심 덕목이며, 나아가 국가를 교화하는(教國人) 근본이 됨을 강조한다. 형제간의 화목이 이루어진 후에야 비로소 사회 구성원들을 올바르게 이끌 수 있으며, 이는 현대사회에서 가정 내 관계의 중요성, 리더의 공정한 자세, 그리고 소통과 협력의 가치가 어떻게 사회 전체로 확장되는지를 보여준다.

宜兄宜弟而后 可以敎國人 의형의제이후 가이교국인 : 자신의 가장 가까운 공동체인 가정에서 형제자매들과 우애를 다지고 화목하게 지내는 것이 선행되어야 함을 강조한다. 이러한 경험을 통해 타인과의 관계에서 필요한 인내심, 배려심, 공정성 등을 체득하게 되며, 이 능력을 바탕으로 비로소 더 넓은 사회의 구성원들(國人)을 올바르게 이끌고 교화할 수 있다는 논리다.

이 구절은 앞서 '의기가인 宜其家人'에서 제시된 가정 내 화목의 개념을 '형제간의 우애'라는 구체적인 덕목으로 한정하여 더욱 명확하게 제시하고 있다. 이는 '수신修身'이 '제가齊家'를 통해 '치국治國'으로 나아가는 과정에서 형제 관계가 매우 중요한 징검다리 역할을 함을 보여준다.

핵심개념은 형제간의 화목과 우애(宜兄宜弟), 가정 내 관계의 중요성, 그리고 가정에서 쌓은 덕목이 사회적 리더십으로 확장됨(宜兄宜弟而后 可以敎國人)이다. 이는 곧 공동체를 다스리는 능력이 가장 작은 사회인 가정에서 길러짐을 강조하고 있다.

21세기 시선으로 보는 해석

이 구절은 현대사회에서 수평적인 관계에서의 협력, 공정한 리더십, 그리고 팀워크의 중요성과 깊이 연결된다. 특히, 가족관계가 과거보다 다양해지고 약화되는 현대사회에서 형제간 우애의 의미를 재조명하게 한다.

형제간에 마땅히 화목하게 지낸다.

이 구절은 '수평적 관계에서의 조화와 협력'을 말한다. 형제관계는 일반적으로 부모-자식 관계와 달리 수직적이지 않은 '수평적' 관계다. 이 관계 속에서 서로 양보하고, 존중하며, 공동의 목표를 위해 협력하는 법을 배우는 것은 사회생활에서 동료들과의 관계, 그리고 팀워크를 형성하는 데 매우 중요하다. 이는 협업 능력, 갈등 해결 능력, 그리고 상호 존중의 기업문화에 필수적인 덕목이다.

형제간에 화목하게 지낸 후에야 나라 사람들을 가르칠 수 있다.

'개인의 공정성과 리더십의 확장'을 말한다. 가정 내에서 형제들 사이의 갈등을 공정하게 중재하고, 서로에게 편파적이지 않은 태도를 보여줄 수 있는 사람은, 더 넓은 사회에서도 다양한 이해관계를 조율하고 공정하게 정책을 펼칠 수 있는 능력을 갖추게 된다. 이는 공정한 리더십, 다양성 관리, 그리고 신뢰 기반의 조직 운영과 직결된다. 사적인 관계에서조차 공정함을 잃는다면, 공적인 영역에서는 더욱 신뢰받기 어려울 것이다.

이 가르침은 또한 작은 단위의 공동체에서부터 시작되는 긍정적인 문화 형성의 중요성을 강조한다. 형제들이 화목하게 지내는 가정은 가족구성원들에게 안정감을 주고, 긍정적인 영향을 미쳐 외부로도 선한 기운을 발산한다. 이는 조직 내에서 작은 팀이나 부서 간의 협력이 전체 조직의 성과와 문화에 지대한 영향을 미치는 것과 유사하다.

단산의 대학 강의

어린 시절을 떠올려 보면, 형제자매들과 다투기도 하고 때로는 토라지기도 했지만, 결국엔 함께 놀고 서로를 보듬어주며 성장했던 기억이 있습니다. 『대학』은 바로 이 형제간의 관계 속에서 '집안을 가지런히 하는(齊家)' 깊은 지혜를 가르쳐 줍니다.

"형제간에 마땅히 화목하게 지내라"는 『시경』의 구절은, 가정 내에서 가장 기본적인 수평적 관계인 형제자매 사이의 조화와 배려가 얼마나 중요한지를 보여줍니다. 그 관계 속에서 우리는 타인을 이해하고 양보하며, 때로는 희생하는 법을 배우게 됩니다.

이러한 가정 내에서의 우애는 단순히 가족의 행복을 넘어섭니다. 『대학』은 "형제간에 마땅히 화목하게 지낸 후에야 나라 사람들을 가르칠 수 있다(宜兄宜弟而后 可以敎國人)."고 말합니다. 가장 가까운 형제자매와의 관계에서조차 존중과 배려를 실천하지 못하는 사람이, 어떻게 더 넓은 사회 구성원들을 이해하고 이끌 수 있겠습니까? 가정이라는 작은 울타리 안에서 타인의 입장을 헤아리고 갈등을 해결하는 경험이야말로, 사회 구성원들을 아우르고 조화롭게 만드는 데 필요한 역량의 근간이 됩니다.

저는 직장생활을 하면서 이 가르침의 중요성을 절감했습니다. 팀 프로젝트를 진행할 때, 저마다 다른 의견과 주장을 가진 팀원들 사이에서 갈등이 발생하곤 했습니다. 이때 자신의 입장만을 고수하고 양보하지 않는 팀원은 결국 팀 전체의 분위기를 해치고 성과를 저해했습니다. 반면, 마치 형제처럼 서로의 부족함을 이해하고, 의견 차이를 조율하며, 공동의 목표를 위해 기꺼이 양보하는 팀원들은 놀라운 시너지를 발휘했습니다.

이는 '형제간의 우애'가 단순히 가족 간의 덕목을 넘어, 현대사회의 중요한 가치인 협력과 팀워크로 확장될 수 있음을 보여주는 대목입니다.

결국 『대학』은 우리에게 거창한 사회적 역할 이전에, 가장 가까운 관계인 형제자매, 나아가 가족구성원들과의 화목함을 강조합니다. 가정에서부터 시작된 작은 배려와 양보, 이해와 존중의 실천이 쌓여야만, 우리는 비로소 더 넓은 사회에 긍정적인 영향력을 미치고, 다양한 사람들을 아우르며 이끌 수 있는 진정한 리더가 될 수 있습니다. 집안에서 길러진 화목의 지혜야말로 사회를 교화하는 가장 강력한 힘이 됩니다.

나를 향한 질문

- 당신은 당신의 형제자매(혹은 가장 가까운 친구나 동료)와의 관계에서 '의형의제 宜兄宜弟'의 덕목을 얼마나 실천하고 있는가?
- 당신이 속한 팀이나 조직 내에서 '형제간의 우애'처럼 서로 이해하고 협력하는 문화를 만들기 위해 어떤 노력을 해볼 수 있

을까?

실천 과제

- 이번 주, 당신의 형제자매(혹은 친한 동료)에게 먼저 연락하여 진
  심으로 안부를 묻거나, 감사의 마음을 표현하는 시간을 가져
  보자.
- 당신이 속한 팀이나 모임에서 의견 충돌이 발생했을 때, 당신
  의 주장을 내세우기보다 먼저 상대방의 입장을 경청하고 '양
  보'의 자세를 보이는 것을 실천해보자.

치국治國의 완성은
제가齊家에 달렸다

❖

詩云, 其儀不忒 正是四國. 其爲父子兄弟 足法而后, 民法之也.

시운, 기의불특 정시사국. 기위부자형제 족법이후, 민법지야.

此謂之國, 在齊其家.

차위지국 재제기가.

"『시경』에 이르기를, '그 예법(거동)이 어긋남이 없으니,
사방 나라가 그것을 바로잡는 본보기로 삼는다.' 하였다.
부자父子와 형제兄弟의 관계가 본받을 만하게 된 뒤에야
백성들이 그것을 본받게 되는 것이다.
이것을 '나라를 다스린다' 함이라 하는데,
그 근본은 집안을 가지런히 함에 있다."

원문 해설

이 구절은 '나라를 다스리는 것(治國)'의 근본이 '집안을 가지런히
하는 것(齊家)'에 있음을 『시경』의 시를 인용하여 다시 한 번 강력하
게 강조한다. "그 태도가 어긋남이 없어 바로 사방의 나라들을 다스

리니, 그가 부모와 자식, 형제로서 본받을 만한 후에야 백성이 그를 본받는다"는 이 가르침은, 리더의 언행일치와 가정에서의 모범이 사회 전체에 미치는 절대적인 영향력을 역설하고 있다. 이는 현대 사회에서 요구되는 리더의 진정성, 롤모델의 중요성, 그리고 가정의 교육적 기능을 심도 있게 다룬다.

其儀不忒 正是四國 기의불특 정시사국 : 『시경』「조풍曹風 시구鳲鳩」편에 나오는 구절을 인용한 것으로, '그 행동거지(儀)에 어긋남(忒)이 없어, 바로 사방의 나라를 바르게 한다'는 뜻이다.

이는 지도자의 말과 행동, 즉 태도(儀)가 조금도 흐트러짐이나 틀림이 없어야(不忒) 한다는 것을 강조한다. 지도자의 언행이 바르면 그 덕이 자연스럽게 사방의 나라, 즉 온 세상으로 퍼져나가 모든 사람을 바르게 이끌 수 있다는 의미다.

其爲父子兄弟 足法而后 民法之也 기위부자형제 족법이후 민법지야 : 지도자가 자신의 가장 가까운 관계인 가정(가족)에서 먼저 모범을 보이고 (足法), 즉 부모로서 자애롭고 자식으로서 효도하며 형제로서 우애로운 모습을 갖춘 후에야 비로소 백성들(民)이 그를 본받고 따르게 된다(法之)는 것이다.

아무리 큰 이상을 내세워도, 가장 기본적인 관계인 가족에게서조차 존경받지 못한다면 백성들의 진정한 따름을 얻기 어렵다는 것을 의미한다. 이는 리더의 사생활과 공적 생활의 일관성을 강조한다.

此謂之國 在齊其家 차위지국 재제기가 : 앞선 시경 구절의 의미를 통해, 국가를 통치하고 사회를 교화하는(治國) 궁극적인 능력이 결국 개인의 자기수양(修身)을 바탕으로 한 가정의 화목과 질서 확립(齊家)에

달려 있음을 최종적으로 강조한다.

가정이 곧 사회의 축소판이며, 가정에서 검증된 덕성과 리더십이 사회 전반으로 확장된다는 『대학』의 핵심 논리를 재확인한다.

핵심개념은 리더의 언행일치와 모범(其儀不忒), 가정에서의 도덕적 실천이 리더십의 기반(其爲父子兄弟足法而后 民法之也)이 됨, 그리고 이 모든 것이 '치국'을 위한 '제가'의 필수 전제조건임을 강조(此謂之國 在齊其家)하는 것이다.

21세기 시선으로 보는 해석

이 구절은 현대사회에서 리더의 진정성, 평판 관리, 윤리적 리더십, 그리고 조직문화 형성의 근간으로서 가정의 중요성을 강조하고 있다.

그 태도가 어긋남이 없어 바로 사방의 나라들을 다스린다.

'리더의 일관성과 신뢰성'을 의미한다. 리더의 말과 행동, 그리고 가치관이 일관되지 않으면 조직 구성원들은 혼란을 느끼고 신뢰를 잃게 된다. 특히, 위기 상황에서 리더의 일관된 태도는 조직의 안정성을 유지하는 데 결정적인 역할을 한다. 이는 리더의 언행일치, 조직 내 투명성, 그리고 기업의 브랜드 이미지 관리와 직결된다.

그가 부모와 자식, 형제로서 본받을 만한 후에야 백성이 그를 본받는다.

'가정에서의 리더십이 사회적 리더십의 근간'임을 강조한다. 아무리 화려한 경력과 뛰어난 능력을 가진 리더라도, 가정생활이 불화하거나 가족구성원으로부터 존경받지 못한다면, 그의 리더십은 진정성을 잃기 쉽다. 직원들이 리더를 평가할 때, 그들의 사생활과 인간적인 면모를 함께 고려하는 경우가 많은 것처럼, 가정에서의 모습은 리더의 도덕적 권위와 평판에 지대한 영향을 미친다.

이는 가정 친화적 기업문화, 워라밸의 중요성, 그리고 개인의 삶과 공적 삶의 조화를 시사하고 있다.

이 가르침은 또한 가정이 인성 교육의 가장 중요한 장소임을 역설한다. 학교나 사회에서 배우는 것 이전에, 가정에서 부모와 자식, 형제자매 간의 관계를 통해 윤리적 덕목을 체득하는 것이야말로 사회생활에 필요한 기초적인 인성을 형성하는 데 가장 효과적이다. 가정에서부터 시작된 모범과 교육이 결국 더 넓은 사회로 확산되어 건강한 공동체를 만든다는 것이다.

결론적으로 "나라를 다스리는 것이 집안을 가지런히 하는 데 있다"는 것은, 모든 위대한 리더십과 사회적 성공이 개인의 내면적 수양과 가장 가까운 공동체인 가정에서의 올바른 실천에서 비롯됨을 재확인한다.

단산의 대학 강의

우리는 종종 '밖에서는 군자인데, 집에서는 폭군'이라는 우스갯

소리를 듣습니다. 사회에서는 예의 바르고 능력 있는 사람으로 인정받지만, 정작 가정에서는 무심하거나 권위적인 모습을 보이는 경우가 있다는 자조적인 표현이죠.

하지만 『대학』은 이러한 언행 불일치에 대해 준엄하게 경고합니다. "詩云 其儀不忒 正是四國 시운 기의부특 정시사국, 즉 그의 태도에 어긋남이 없어 사방의 나라를 바르게 한다"는 『시경』의 구절처럼, 진정한 리더는 그 말과 행동이 조금도 어긋남이 없어야 한다고 말합니다. 리더의 일관되고 모범적인 태도는 강력한 힘을 발휘하여 주변에 긍정적인 영향을 미칩니다.

그러나 더욱 중요한 것은 그 다음 구절입니다. "其爲父子兄弟足法而后 民法之也 기위부자형제족법이후 민법지야, 즉 그가 부모와 자식, 형제로서 본받을 만한 후에야 백성이 그를 본받는다"는 것입니다.

아무리 사회적으로 큰 업적을 이루고 훌륭한 비전을 제시하는 리더라도, 자신의 가장 가까운 존재들인 가족에게서조차 존경받지 못한다면, 그의 리더십은 결국 진정성을 잃고 흔들릴 수밖에 없습니다. 저는 한 기업의 CEO가 사회적 약자를 돕는 캠페인에 적극적으로 참여하는 모습을 보며 감명을 받았지만, 나중에 그의 자녀가 부모님의 행동을 비판하며 가정 내 불화를 폭로하는 것을 보고 큰 실망감을 느꼈던 적이 있습니다.

아무리 훌륭한 '의儀'를 보여주려 해도, '가정'이라는 가장 기본적인 검증 단계를 통과하지 못하면 진정한 리더십을 인정받기 어렵다는 것을 보여줍니다.

이 가르침은 또한 가정이 곧 인성교육의 산실임을 역설합니다. 사회에서 필요한 협력, 배려, 책임감, 그리고 존중과 같은 덕목들은 학교나 직장에서 배우기 이전에, 가정에서 부모와의 관계, 형제자매와의 상호작용 속에서 자연스럽게 체득되는 경우가 많습니다. 저는 어린 시절 형들과 함께 놀면서 양보하는 법을 배우고, 때로는 다투면서도 서로의 감정을 이해하는 법을 터득했습니다. 이러한 경험들이 쌓여 사회생활에서 타인과 원만하게 지내는 데 큰 도움이 되었습니다.

결론적으로 "나라를 다스리는 것이 집안을 가지런히 하는 데 있다.(此謂之國 在齊其家)"는 『대학』의 가르침은 결코 시대에 뒤떨어진 이야기가 아닙니다. 오히려 물질적 풍요 속에서 내면의 빈곤을 겪고, 사회적 성공만을 추구하다가 가장 소중한 가정을 잃어버리는 현대인들에게 강력한 울림을 줍니다. 나의 가장 가까운 관계인 가족에게서부터 존경과 신뢰를 얻고, 모범을 보일 때 비로소 더 넓은 사회에 선한 영향력을 미치고 진정한 리더가 될 수 있음을 잊지 말아야 할 것입니다.

나를 향한 질문

- 당신이 맡은 역할(부모, 자녀, 배우자, 형제자매)에서 '본받을 만한(足法)' 모습을 얼마나 보여주고 있다고 생각하는가? 그리고 그 모습이 당신의 사회생활이나 직장생활에 어떤 영향을 미치고 있다고 느끼는가?

– 당신의 언행이 '어긋남이 없어(不忒)' 주변 사람들에게 신뢰를 주고 있다고 생각하는가? 만약 그렇지 않다면, 어떤 점을 개선해야 할까?

실천 과제

– 이번 한 주 동안, 당신의 가족구성원 중 한 명에게 진심으로 '존경'을 표현하거나, 그들이 당신에게 '본받을 만한' 어떤 행동을 했는지 구체적으로 칭찬해보자.
– 당신이 어떤 중요한 발언이나 결정을 할 때, '나의 태도가 어긋남이 없는지', '가족에게도 당당할 수 있는지' 스스로에게 질문해 보며 신중하게 임하는 습관을 들여보자.

CHAPTER 6

모두를 위한 리더십

가르침이 나라에 미치는 강력한 영향

一家仁, 一國興仁. 一家讓, 一國興讓. 一人貪戾, 一國作亂. 其幾如此.

일가인, 일국흥인. 일가양, 일국흥양. 일인탐려, 일국작란. 기기여차.

此謂一言僨事, 一人定國.

차위일언분사, 일인정국.

"한 집안이 어질면, 온 나라에 인仁이 일어난다.

한 집안이 서로 사양하면, 온 나라에 겸양의 풍속이 일어난다.

한 사람이 탐욕스럽고 사납다면, 온 나라가 어지러워진다.

그 근원(작용의 기틀)은 이와 같다.

이것을 일러 '한마디 말로 일을 망치기도 하고,

한 사람이 나라를 안정시키기도 한다.'라고 한다."

원문 풀이

이 구절들은 가정의 도덕적 기풍이 사회와 국가에 미치는 지대한 영향력을 설명한다. 개인과 작은 공동체의 역할이 얼마나 중요한지를 역설함이다. 이는 현대사회에서 리더의 도덕적 책임, 공동체 문화의 중요성, 그리고 개인의 행동이 갖는 파급 효과를 깊이 있게 다룬다.

'敎成於國 교성어국', 즉 '가르침이 나라에 이루어지는 효과'를 구체적인 사례를 통해 설명하며, 개인과 가정의 도덕성이 사회와 국가에 미치는 강력한 영향을 강조하는 것이다.

一家仁, 一國興仁 일가인, 일국흥인 : 어떤 가정이 인(仁, 어짊, 사랑)을 실천하고 화목하게 지내면, 그 덕이 주변 이웃과 지역 사회로 자연스럽게 퍼져나가 온 나라에 인자한 기풍이 흥성하게 된다는 의미다. 이는 긍정적인 파급 효과를 보여준다.

一家讓, 一國興讓 일가양, 일국흥양 : 어떤 가정이 서로 양보하고 겸손한 덕(讓)을 실천하면, 그 영향이 사회 전체로 퍼져나가 겸손하고 배려하는 풍조가 널리 퍼지게 된다는 것이다. 이는 긍정적인 사회 변화의 가능성을 제시한다.

一人貪戾, 一國作亂. 其幾如此 일인탐려, 일국작란. 기기여차 : 반대로, 한 개인이 탐욕스럽고 포악하거나(貪戾) 비윤리적인 행위를 하면, 그 악한 기운과 부정적인 영향이 전염병처럼 퍼져나가 결국 온 나라에 큰 혼란과 동요(作亂)를 일으킬 수 있음을 경고한다. '그 기미(其幾)'는 아주 작은 움직임이나 시작이 나중에 큰 결과로 이어진다는 것을 의미한다. 이는 부정적인 파급 효과에 대한 경고다.

此謂一言僨事 一人定國 차위일언분사, 일인정국 : 위에서 설명한 모든 파급 효과를 총괄하여 마무리하는 구절이다.

一言僨事 일언분사, '한마디 말이 일을 그르친다'는 것은 리더나 중요한 위치에 있는 사람의 말 한마디, 사소한 실수가 전체 판을 그르칠 수 있음을 강조한다. 이는 말의 신중함과 언행의 무게를 경고함

이다.

一人定國 일인정국, '한 사람이 나라를 안정시킨다'는 것은 덕을 갖춘 한 사람의 리더가 사회 전체에 선한 영향력을 미쳐 나라를 평화롭게 만들 수 있음을 강조한다. 이는 리더 개인의 역량과 도덕성의 중요성을 역설한다.

이 두 표현은 개인의 행동과 말이 갖는 엄청난 파급력을 극명하게 대비시키며, 군자로서 언행을 삼가고 자신을 닦는 것의 중요성을 다시 한 번 강조한다.

핵심개념은 작은 단위의 덕이 미치는 사회적 파급력, 개인의 악덕이 초래하는 사회적 혼란, 그리고 리더의 언행과 존재가 갖는 결정적인 영향력이다. 이는 '수신제가치국평천하'의 유기적 관계를 가장 압축적으로 보여주는 구절이다.

21세기 시선으로 보는 해석

이 구절은 현대사회의 네트워크 효과, 리더십의 중요성, 기업 문화 형성, 그리고 사회적 책임과 밀접하게 연결된다. 특히, 소셜 미디어 시대에 개인의 작은 행동이 사회 전반에 미치는 영향력을 설명하는 데 매우 적합하다.

한 집안이 인자하면 온 나라가 인자해지고, 한 집안이 겸양하면 온 나라가 겸양해진다.

'선한 영향력의 확산'을 의미한다. 건강한 가정이나 조직 내의 긍정적인 문화는 자연스럽게 외부로 전파되어 사회 전체의 분위기를 개선할 수 있다. 이는 조직 내 긍정 심리 자본 형성, 롤모델의 중요성, 그리고 선한 가치를 추구하는 기업의 사회적 기여와 연결된다. 좋은 사례는 바이럴처럼 퍼져나간다.

한 사람이 탐욕스럽고 사나우면 온 나라가 혼란에 빠진다.

'부정적인 영향력의 전염성'을 경고하는 것이다. 리더의 비윤리적 행위나 개인의 이기적인 행동은 순식간에 조직이나 사회 전체에 불신과 갈등을 확산시킬 수 있다. 특히, 오늘날 SNS를 통해 소수의 부정적인 행동이 빠르게 확산되어 큰 사회적 파장을 일으키는 경우가 많다. 이는 리스크 관리, 부정적 여론 확산 방지, 그리고 리더의 윤리 경영의 중요성을 강조한다.

'블랙 스완'처럼 작은 부정적 요인이 거대한 위기를 초래할 수 있다.

한마디 말이 일을 그르친다.

'언어의 무게와 소통의 중요성'을 강조하는 것이다. 리더의 무심코 던진 말 한마디가 조직 내 사기를 떨어뜨리거나, 잘못된 정보 하나가 엄청난 혼란을 야기할 수 있다. 이는 효과적인 커뮤니케이션, 언어의 신중함, 그리고 리더의 메시지 관리와 직결된다.

한 사람이 나라를 안정시킨다.

'개인의 리더십과 비전 제시의 힘'을 역설한다. 위기에 처한 조직이나 국가를 한 명의 강력하고 올바른 리더가 중심을 잡고 이끌어 안정시키는 사례는 역사 속에서, 그리고 현대 경영에서도 자주 목격된다. 이는 변혁적 리더십, 비전 제시 능력, 그리고 위기 상황에서의 리더의 역할과 연결된다.

단산의 대학 강의

우리는 흔히 "나 하나쯤이야." 혹은 "작은 일인데 뭐."라는 생각에 빠지기 쉽다. 하지만 『대학』은 이러한 생각을 송두리째 뒤흔듭니다. "한 집안이 인자하면 온 나라가 인자해지고, 한 집안이 겸양하면 온 나라가 겸양해진다.(一家仁 一國興仁, 一家讓 一國興讓)"고 말합니다. 작은 가정에서부터 시작된 따뜻함과 배려의 문화가 마치 잔잔한 호수에 던져진 돌멩이처럼 서서히, 그러나 강력하게 퍼져나가 온 사회를 물들인다는 것입니다.

제 주변에도 가정에서부터 사랑과 배려를 몸소 실천하는 분들이 있습니다. 그분들의 가정은 늘 화목하고, 그분들이 속한 모임이나 직장에서도 자연스럽게 긍정적이고 포용적인 분위기가 형성되는 것을 직접 보았습니다. "한 사람이 탐욕스럽고 사나우면 온 나라가 혼란에 빠진다.(人貪戾一國作亂. 其幾如此)"는 경고는 더욱 섬뜩하게 다가옵니다. 특히, 리더의 위치에 있는 한 사람의 탐욕이나 부도덕한 행동이 조직 전체의 사기를 떨어뜨리고, 심지어는 기업의 존폐를 위협하는 경우도 우리는 수없이 목격합니다. 마치 작은 바이러스 하나가 전 세계를 뒤흔들 수 있듯이, 한 개인의 부정적인 '기미 (幾)'가 거대한 사회적 혼란을 야기할 수 있다는 것이죠.

오늘날 SNS를 통해 한 사람의 잘못된 언행이 순식간에 퍼져나가 대중의 공분을 사는 것을 보면, 이 천 년 전의 가르침이 얼마나 현실적인지 깨닫게 됩니다.

결국 이 모든 파급 효과를 종합하여 『대학』은 "**차위일언분사 일인 정국** 此謂一言僨事 一人定國, 한마디 말이 일을 그르치고, 한 사람이 나라를 안정시킨다"고 결론 맺습니다. 무심코 던진 말 한마디가 누군가에게는 깊은 상처가 되고, 중요한 프로젝트를 망칠 수도 있습니다.

하지만 동시에, 위기 속에서 한 리더의 올바른 결정과 희생적인 리더십이 무너져가는 조직을 일으켜 세우고, 사회 전체에 희망을 불어넣는 경우도 많습니다. 이는 개인의 언행이 갖는 무시무시한 무게감을 상기시키는 동시에, 선한 영향력을 발휘할 수 있는 개인의 잠재력을 강조하는 강력한 메시지입니다.

『대학』의 이 가르침은 우리에게 당신이 속한 가장 작은 공동체, 바로 당신의 가정에서부터 선한 덕목을 실천하라고 말합니다. 당신의 작은 실천이 시작이 되어, 당신의 가정, 직장, 그리고 나아가 사회 전체에 긍정적인 파동을 일으킬 수 있음을 기억해야 합니다. 당신의 말 한마디, 행동 하나가 세상을 변화시키는 강력한 힘이 될 수 있습니다.

나를 향한 질문

- 당신의 일상에서 "한 집안이 인자하면 온 나라가 인자해진다"
  는 긍정적인 파급 효과를 경험했던 적이 있는가? 또는 반대로
  "한 사람의 탐욕이 온 나라를 혼란에 빠뜨린다"는 부정적인 영
  향을 목격한 적이 있는가?
- 당신이 '한 사람'으로서 당신의 말과 행동이 당신의 주변, 나아
  가 사회에 어떤 '파동'을 일으킬 것이라고 생각하는가?

실천 과제

- 이번 주 동안, 당신이 속한 가장 작은 공동체(가정, 팀 등)에서 '인
  자함'이나 '겸양'을 실천할 수 있는 작은 행동을 하나 정하고
  꾸준히 실천해보자. (예: 가족구성원에게 진심으로 감사 표현하기, 팀원에
  게 먼저 양보하기.)
- 중요한 결정을 내리거나 발언을 하기 전에, 당신의 '말 한마디'
  나 '행동 하나'가 가져올 긍정적/부정적 파급 효과를 미리 생각
  해보고 신중하게 임해보자.

리더십의 본질

堯舜 帥天下以仁, 而民從之.

요순 솔천하이인, 이민종지.

桀紂 帥天下以暴, 而民從之.

걸주솔천하이폭, 이민종지.

其所令 反其所好, 而民不從.

기소령 반기소호, 이민부종.

“요堯와 순舜은 천하를 어짊(仁)으로 이끌었고,

백성은 그들을 따랐다.

걸桀과 주紂는 천하를 폭력(暴)으로 다스렸고,

백성도 그 악함을 따라갔다.

임금이 명하는 바가 자신이 좋아하는 덕과 어긋난다면,

백성은 결코 그 명을 따르지 않는다.”

是故 君子 有諸己而後求諸人, 無諸己而後非諸人.

시고 군자 유저기이후구저인, 무저기이후비저인.

所藏乎身 不恕而能喩諸人者 未之有也. 故 治國 在齊其家.

소장호신 불서이능유저인자 미지유야. 고 치국 재제기가.

"그러므로 군자는 자신에게 그것(덕과 행실)이 있은 뒤에

남에게서 그것을 구하고,

자신에게 그것이 없음을 안 뒤에야 남을 비난한다.

자기 몸속에 덕이 없으면서 남을 깨우칠 수 있는 자는 일찍이 없었다.

그러므로 나라를 다스림은 집안을 가지런히 함에 있다."

원문 해설

이 구절들은 '자신을 미루어 남에게 미치게 하는 것(推己及人)', 즉 '서恕'의 도리를 설명한다. 요순堯舜이 인자함으로 천하를 이끌자 백성이 따랐고, 걸주桀紂가 포악함으로 천하를 이끌자 백성이 따랐지만, 자신이 좋아하는 것과 반대되는 명령을 내리면 백성이 따르지 않았으니, 군자는 자신에게 있는 후에 남에게 구하고, 자신에게 없는 후에 남을 비난해야 한다고 강조한다.

자기 몸에 숨겨진 것이 용서(恕)로써 남에게 이해되지 못한다면, 그것을 남에게 깨닫게 할 수 없다고 말하며, 나라를 다스리는 것이 집안을 가지런히 하는 데 있음을 다시금 확인하며, 이는 리더의 솔선수범, 공감과 역지사지의 중요성, 그리고 진정한 소통의 본질을 제시하고 있다.

堯舜帥天下以仁 而民從之 요순솔천하이인 이민종지 : 요순은 덕과 인仁으로 백성을 다스려, 백성들이 그들의 지도에 자발적으로 순종했다. 리더의 덕이 곧 백성들의 따름을 이끌어낸다는 것을 보여준다.

桀紂帥天下以暴 而民從之 걸주솔천하이포 이민종지 : '걸주桀紂'는 폭력과 포악함으로 백성을 다스렸음에도, 일시적으로는 백성들이 강압에 못이겨 따랐음을 보여준다. 이는 백성이 어떤 방식으로든 리더에게 순종하는 경향이 있음을 인정하는 부분이다.

其所令反其所好 而民不從 기소령반기소호 이민부종 : 리더가 백성에게 명령하는 것이 정작 리더 자신이 즐겨하는 일과 모순될 때, 즉 언행이 불일치할 때 백성들은 결코 진심으로 따르지 않는다는 것이다. 아무리 명군明君이라 불린 요순이라 할지라도, 자신이 인을 실천하지 않으면서 백성에게 인을 강요하면 백성들은 따르지 않고, 폭군이라 불린 걸주조차도 자신이 폭력을 휘두르면서 백성에게는 인을 요구하면 백성들이 따르지 않는다는 뜻이다. 이는 리더의 진정성과 솔선수범이 얼마나 중요한지를 역설한다.

是故 君子 有諸己而後 求諸人 시고 군자 유저기이후 구저인 : 자신이 먼저 모범을 보이고(자신에게 선함이 있은 후에), 그 후에야 비로소 남에게 선함을 요구할 수 있다는 뜻이다.

無諸己而後 非諸人 무저기이후 비저인 : 자신에게 악덕이 없음을 확인한 후에야 남의 악덕을 비난할 수 있다는 뜻이다. 자신이 먼저 깨끗해야 남을 비판할 자격이 생긴다. 이는 '내로남불'을 경계하는 강력한 메시지다.

所藏乎身 不恕而能喩諸人者 未之有也 소장호신 불서이능유저인자 미지유야 : '소장호신 所藏乎身'은 자신의 마음속에 숨겨진 생각이나 의도, 감정을 의미하고, '불서不恕'는 다른 사람의 입장에서 생각하고 헤아리는 '서恕'의 마음이 없다는 것이다. 즉 자신의 마음을 헤아려 남의 마음을 이해하고 배려하는 '서'의 마음이 없다면, 아무리 훌륭한 말

을 해도 다른 사람에게 진정으로 '깨닫게(喩)' 할 수 없다는 뜻이다. 공감과 역지사지가 없는 소통은 무의미함을 강조한다.

故治國 在齊其家 고치국 재제기가 : 이 모든 논의를 종합하여, 리더가 자신을 바르게 하고(修身), 가족관계에서 '추기급인'의 '서'의 정신을 실천함으로써 집안을 가지런히 할 때(齊家), 비로소 나라를 제대로 다스릴 수 있음(治國)을 다시 한 번 강조한다. 가정에서 솔선수범하고 공감하는 능력을 키우는 것이 사회적 리더십의 근간이 된다.

핵심개념은 리더의 언행일치와 솔선수범, '서(恕)'의 정신, 그리고 이 모든 것이 '치국'을 위한 '제가'의 중요성에 귀결됨이다.

21세기 시선으로 보는 해석

이 구절은 현대사회에서 요구되는 리더의 진정성, 공감능력, 역지사지, 그리고 투명한 소통의 중요성을 역설한다. 이는 기업경영, 조직문화, 정치, 그리고 개인의 인간관계 등 모든 분야에 적용될 수 있는 보편적인 지혜다.

자신이 좋아하는 것과 반대되는 명령을 내리면 백성이 따르지 않는다.
'언행 불일치의 위험성'을 경고한다. 오늘날 리더들이 흔히 겪는 어려움 중 하나는 '말 따로 행동 따로'일 때 발생하는 신뢰 상실이다. 직원들에게 야근을 강요하면서 자신은 일찍 퇴근하거나, 청렴을 강조하면서 뒤로는 부패한 리더는 결코 존경받지 못한다. 이는 리더의 신뢰성, 조직 내 투명성, 그리고 기업의 윤리경영에 치명적이다.

군자는 자신에게 있는 후에 남에게 구하고, 자신에게 없는 후에 남을 비난한다.

'솔선수범과 자기 성찰적 리더십'을 강조한다. 남을 탓하기 전에 자신을 먼저 돌아보고, 자신이 부족한 부분은 인정하며, 자신이 먼저 모범을 보일 때 비로소 다른 사람에게 정당하게 요구하거나 비판할 수 있는 권위가 생긴다. 이는 진정한 리더십, 피드백의 효과성, 그리고 자기 성장을 위한 겸손한 자세와 연결된다. "내가 먼저 변해야 남도 변한다"는 진리와도 통한다.

서恕는 '공감능력과 역지사지'다.

현대사회는 다문화, 다세대, 다양한 가치관이 공존하는 복잡한 사회다. 타인의 입장에서 생각하고 그들의 감정과 상황을 이해하려는 '서'의 정신이 없이는 효과적인 소통이나 갈등 해결이 불가능하다. 이는 갈등관리, 포용적 리더십, 그리고 다양성 존중의 핵심이다. 타인을 진정으로 이해하고 공감할 때 비로소 우리의 메시지는 진정성을 얻고, 상대방의 마음을 움직일 수 있다.

결론적으로 "치국은 제가에 있다"는 것은 결국 모든 사회적 리더십과 영향력의 근본이 개인의 자기 수양과 가정 내에서의 올바른 관계 형성에 있다는 것을 재확인한다. 가장 가까운 관계에서 신뢰와 공감을 쌓지 못한다면, 더 넓은 공동체에서도 성공적인 리더십을 발휘하기 어렵다.

단산의 대학 강의

우리는 종종 리더의 가장 중요한 자질로 카리스마나 뛰어난 전략을 꼽습니다. 하지만『대학』은 그보다 더 근본적인 자질을 이야기합니다. 바로 '推己及人추기급인'은 '나를 미루어 남에게 미치게 하는 것'이란 뜻, 다시 말해 '서恕'의 정신입니다.

『대학』은 역사 속 군주들의 사례를 통해 이 진리를 명확히 보여줍니다. 요순堯舜이 인자함으로 천하를 이끌자 백성들이 따랐고, '걸주桀紂'가 포악함으로 천하를 이끌자 백성들이 그에 맞춰 따랐습니다. 백성들은 어떤 방식으로든 리더에게 순종합니다.

그러나 결정적인 차이는 그다음 구절에 나옵니다. "리더가 명령하는 것이 정작 그들 자신이 좋아하는 바와 반대되면 백성들은 따르지 않는다(其所令 反其所好 而民不從)"는 것입니다. 직원들에게 주말 근무를 강요하면서 자신은 휴가를 떠나는 리더, 청렴을 강조하면서 뒤로는 부패를 저지르는 정치인…. 이들은 일시적으로는 사람들을 통제할 수 있을지 모르지만, 결코 진정한 신뢰와 존경을 얻을 수 없습니다. 말과 행동이 다를 때, 리더의 진정성은 무너지고 백성들의 마음은 떠나게 됩니다.

그래서『대학』은 군자君子의 원칙을 제시합니다. "군자는 자신에게 있는 후에 남에게 구하고, 자신에게 없는 후에 남을 비난한다(君子有諸己而 後求諸人 無諸己而後 非諸人)"는 것입니다. 내가 먼저 모범을 보여야 남에게도 당당히 요구할 수 있고, 나 자신이 떳떳해야 남의 잘못을 지적할 자격이 생긴다는 의미입니다. "나는 괜찮지만 너는 안 된다"는 이중 잣대는 결코 리더십의 기반이 될 수 없습니다. 먼저

나 자신을 돌아보고, 나를 바로 세울 때 비로소 다른 사람을 이끌 수 있는 진정한 힘이 생깁니다.

이 모든 것의 핵심에는 '서恕'의 정신이 있습니다. "나의 마음속에 숨겨진 의도나 감정을 남의 입장에서 헤아리는 '서'의 마음이 없다면, 아무리 훌륭한 말을 해도 남에게 진정으로 이해시킬 수 없다(所藏乎身 不恕而能喻諸人 者未之有也)"는 것입니다.

진정한 소통은 논리나 권위만으로 이루어지지 않습니다. 상대방의 상황과 감정을 공감하고, 그들의 입장에서 생각하려는 역지사지의 자세가 있을 때 비로소 우리의 메시지는 상대방의 마음에 닿을 수 있습니다.

저는 팀원과의 갈등을 해결할 때, 제 주장만 내세우다 오히려 상황을 악화시킨 경험이 있습니다. 하지만 상대방의 감정을 헤아리고 그들의 입장에서 생각하려 노력하자, 비로소 대화의 물꼬가 트이고 문제가 해결되었던 기억이 있습니다.

결론적으로 "故治國 在齊其家 고치국 재제기가, 즉 나라를 다스리는 것이 집안을 가지런히 하는 데 있다"는 것은 단순한 비유가 아닙니다. 가정이라는 가장 기본적인 공동체에서 '서'의 정신을 실천하며 자신을 다스리고, 가족구성원들과 신뢰를 쌓는 경험이야말로 더 큰 사회와 조직을 이끌어가는 데 필요한 리더십의 근간이 됩니다. 나로부터 시작되는 작은 변화가 세상을 변화시키는 거대한 파동을 만들어낼 수 있음을 잊지 말아야 합니다.

나를 향한 질문

- 당신이 리더로서, 혹은 누군가에게 영향을 미치는 사람으로서, '언행이 일치하지 않아' 사람들의 신뢰를 잃었던 경험이 있는가?
- 당신은 어떤 상황에서 '추기급인推己及人'의 '서恕' 정신을 실천하려 노력했고, 그 결과 어떤 변화를 경험했는가?

실천 과제

- 이번 한 주 동안, 당신이 타인에게 어떤 요구를 하기 전에, 먼저 '나 자신에게 그것이 있는가?' 혹은 '나라면 어떻게 했을까?'라는 질문을 던져보는 습관을 길러보자.
- 당신이 소통하는 과정에서 갈등이 생기거나 상대방이 이해하지 못한다고 느낄 때, 상대방의 입장에서 생각해 보는 '역지사지'의 시간을 5분이라도 가져보자.

평화로운 세상, 지도자의 덕과 '혈구지도絜矩之道'

所謂平天下 在治其國者.

소위평천하 재치기국자.

上老老 而民興孝, 上長長 而民興弟, 上恤孤 而民不倍.

상노노 이민흥효, 상장장 이민흥제, 상휼고 이민불배.

是以 君子 有絜矩之道也.

시고 군자 유혈구지도야.

"이른바 천하를 평안하게 함이란,

그 근본이 나라를 잘 다스리는 데 있다.

윗사람이 늙은이를 공경하면 백성들 사이에 효도가 일어나고,

윗사람이 어른을 공경하면 백성들 사이에 우애가 일어나며,

윗사람이 고아를 돌보면 백성들이 배반하지 않는다.

그러므로 군자는 '법도(矩)'를 깨끗이 지키는 도道를 가진다."

원문 해설

이 구절들은 "천하를 평화롭게 하는 것(平天下)이 그 나라를 다스

리는 데(治其國) 있다"는『대학』의 마지막이자 궁극적인 가르침을 설명한다.

　지도자가 늙은이를 공경하면 백성이 효도하고, 어른을 존경하면 백성이 공경하며, 고아를 불쌍히 여기면 백성이 배반하지 않는다고 말하며, 이를 '혈구지도絜矩之道', 즉 자로 재듯 바르게 하는 도리라고 강조한다. 이는 현대사회에서 리더의 솔선수범, 공정한 리더십, 그리고 공동체 구성원 간의 상호작용이 사회 전체에 미치는 지대한 영향력을 보여준다.

　所謂平天下 在治其國者 소위평천하 재치기국자 : '평천하平天下'는 세계 평화와 인류공영에 이바지하는 궁극적인 목표를 의미한다. 그 시작과 근본이 치국(治其國), 즉 자신의 나라(공동체)를 올바르게 다스리는 데 있음을 명확히 한다.

지도자의 세 가지 모범과 백성의 반응

　1. **上老老 而民興孝** 상노노이민흥효 : 지도자가 어르신을 진심으로 존경하고 배려하는 모습을 보이면, 백성들은 자연스럽게 효도를 본받아 부모님께 효심을 다하게 된다는 것이다.

　2. **上長長 而民興弟** 상장장 이민흥제 : 지도자가 나이 많거나 덕망 있는 어른들을 존중하는 모습을 보이면, 백성들은 서로를 존경하고 우애를 다하는 '제(弟: 공경)'의 덕목을 따르게 된다.

　3. **上恤孤 而民不倍** 상휼고 이민불배 : 지도자가 사회적 약자 특히, 의지할 곳 없는 고아들을 진심으로 보살피고 배려하면, 백성들은 지

도자의 인자함에 감화되어 서로를 돕고 공동체에 대한 신뢰를 갖게 되어 배반(不倍)하지 않게 된다는 것이다. 이는 사회적 약자에 대한 배려가 공동체의 결속력을 강화함을 보여준다.

是以 君子 有絜矩之道也 시고 군자 유혈구지도야 : '혈絜'은 '측량하다', '헤아리다'는 뜻이고, '구矩'는 '직각자' 또는 '모범'을 의미한다. 따라서 '혈구지도'는 '내 마음을 자로 삼아 남의 마음을 헤아리는 도리', 즉 자신을 미루어 남을 헤아리는 '추기급인 推己及人'의 원칙을 말한다.

지도자가 자신을 기준으로 삼아 백성들의 입장과 처지를 헤아리고, 그들의 욕구와 필요를 충족시켜 줄 때 비로소 모든 사람이 만족하고 사회가 평화로워진다는 것이다. 이는 위에서 언급된 '윗사람이 모범을 보이면 백성이 따른다'는 원리의 근본이 되는 지혜다. 자신과 타인이 모두 원하는 바를 얻도록 공평하게 헤아리는 것이다.

핵심개념은 리더의 도덕적 모범이 백성에게 미치는 영향, 사회적 약자에 대한 배려의 중요성, 그리고 자신을 기준으로 타인의 마음을 헤아리는 '혈구지도'의 공평무사함이다. 이 모든 것이 '치국평천하'의 핵심 원리가 된다.

21세기 시선으로 보는 해석

이 구절은 현대사회에서 리더의 역할 모델링, 포용적 리더십, 사회적 책임(CSR), 그리고 공정한 의사결정의 중요성과 깊이 연결된다.

특히 다양성이 증대되는 사회에서 모든 구성원의 만족을 이끌어내
는 지혜를 제시한다.

윗사람이 늙은이를 공경하면 백성들 사이에 효도가 일어난다.

이 구절은 '리더의 솔선수범과 역할 모델링'을 강조한다. 기업의
CEO가 직원들에게 워라밸을 강조하면서 자신은 밤늦게까지 일한
다면 직원들은 따르지 않을 것이다. 하지만 리더가 먼저 윤리적이
고 모범적인 행동을 보일 때, 구성원들은 자발적으로 그 가치를 내
면화하고 따라 하게 된다. 이는 긍정적인 조직문화 형성, 윤리경영
의 확산, 그리고 기업의 사회적 이미지 제고에 필수적이다.

고아를 불쌍히 여기면 백성이 배반하지 않는다.

'사회적 약자에 대한 보호와 포용적 리더십'의 중요성을 역설한
다. 기업이 이윤 추구만을 목표로 하지 않고, 사회적 취약 계층이나
환경문제에 관심을 가질 때, 소비자들과 사회구성원들은 그 기업에
대한 신뢰와 지지를 보낸다. 이는 기업의 사회적 책임(CSR), 사회공
헌 활동, 그리고 포용적인 다양성 정책과 연결된다. 약자를 배려하
는 사회는 구성원들의 소속감과 안정감을 높여 사회적 통합을 강화
한다.

군자는 혈구지도가 있다.

'공정성과 역지사지의 의사결정'을 의미한다. 현대 리더는 다양
한 이해관계자들의 요구를 조율하고 공정한 결정을 내려야 한다.
'혈구지도'는 자신의 이익뿐 아니라 상대방의 입장과 욕구를 '자로

재듯' 정확하게 파악하고, 모두가 만족할 수 있는 최선의 방안을 찾는 지혜다. 이는 공정한 성과 평가, 공정한 보상 시스템, 갈등 중재, 그리고 이해관계자 관리에 필수적인 리더의 역량이다.

결론적으로 이 구절은 '치국평천하'가 단순히 물리적인 통치가 아니라 리더의 도덕적 감화와 공정한 실천을 통해 사회 전체의 마음을 움직이는 과정임을 보여준다. 리더가 먼저 자신을 바르게 하고(修身), 가정에서 모범을 보이며(齊家), 나아가 사회 전체에 덕을 베풀 때(治國), 비로소 모두가 만족하고 평화로운 세상(平天下)을 이룰 수 있다는 것이다.

단산의 대학 강의

우리는 흔히 '나라를 다스린다'는 거대한 개념을 복잡한 법률이나 거창한 정책으로만 생각합니다. 하지만 『대학』은 그 모든 것의 시작점이 다름 아닌 리더의 작은 행동과 솔선수범에 있다고 말합니다. "所謂平天下 在治其國者 소위평천하 재치기국자, 즉 천하를 평화롭게 하는 것이 그 나라를 다스리는 데 있다"는 이 가르침은, 거대한 이상을 실현하기 위한 가장 현실적인 방법을 제시합니다.

그 방법은 지극히 단순하지만 강력합니다. "지도자가 늙은이를 공경하면 백성들이 자연스럽게 효도를 본받아 부모님께 효심을 다하고(上老老 而民興孝), 어른을 존경하면 서로 공경하는 마음을 갖게 됩니다.(上長長 而民興弟) 그리고 무엇보다 중요한 것은 "上恤孤 而民不倍 상휼고 이민부배, 즉 고아와 같은 사회적 약자를 지도자가 진심으로 보살피면, 백성들이 그 따뜻한 마음에 감화되어 지도자를 배반하지 않는다"는 것입니다.

저는 한 기업의 CEO가 매년 봉사활동에 직접 참여하고 사회적 기업을 지원하는 모습을 보며 깊은 감명을 받았습니다. 그의 진정성 있는 행동은 직원들 사이에도 나눔의 문화를 확산시켰고, 기업에 대한 깊은 신뢰로 이어졌습니다. 이것이 바로 '윗사람의 덕행이 아래로 파급되는' 아름다운 영향력입니다.

이러한 리더의 덕행을 가능하게 하는 것이 바로 君子 有絜矩之道 也 군자 유혈구지도야, 즉 '혈구지도'입니다. 혈구지도는 '나의 마음을 자로 삼아 남의 마음을 헤아리는 도리'입니다. 이는 내가 싫어하는 것을 남에게 강요하지 않고, 내가 원하는 것을 남도 원할 것이라는 공감의 바탕 위에서 모든 사람의 상황을 공정하게 고려하여 의사결정을 하는 지혜를 말합니다.

예를 들어, 한 리더가 인재를 평가할 때 자신의 선입견이나 감정에 치우치지 않고, 모든 직원의 성과와 노력을 공정하게 '자로 재듯' 헤아려 평가한다면, 그 조직은 신뢰와 투명성 위에서 발전할 것입니다. 혈구지도는 모든 관계와 의사결정에서 공정성과 균형감각을 잃지 않게 하는 나침반이 됩니다.

결론적으로 『대학』은 우리에게 거대한 '천하'를 꿈꾼다면, 먼저 나의 작은 '국가', 즉 내가 속한 공동체에서부터 '혈구지도'를 실천하며 지도자로서의 모범을 보이라고 말합니다. 나의 솔선수범과 공정한 마음, 그리고 약자에 대한 따뜻한 시선이 쌓여, 그 공동체가 변화하고, 그 변화의 물결이 결국 세상 전체의 평화로 이어질 수 있음을 우리는 믿어야 합니다. 당신의 작은 실천이 바로 세상을 움직이는 거대한 힘이 될 것입니다.

나를 향한 질문

- 당신이 속한 조직이나 사회에서 '윗사람이 늙은이를 공경하고, 어른을 존경하며, 고아를 불쌍히 여기는' 리더십을 실천하고 있는 사람을 본 적이 있는가? 그들의 행동이 당신에게 어떤 영향을 미쳤는가?
- 어떤 상황에서 '혈구지도'를 실천하려 노력했고, 그 결과 당신의 결정이 얼마나 공정하고 포용적이었다고 생각하는가?

실천 과제

- 이번 주 동안, 당신이 속한 공동체(직장, 모임 등)에서 '윗사람'의 입장에 있다면, '노인, 어른, 고아'에 해당하는 약자나 소수자에 대한 배려를 실천할 수 있는 작은 행동을 하나 정해보자. (예: 새로 온 팀원에게 먼저 다가가 돕기, 소외된 의견에 귀 기울이기.)
- 중요한 결정을 내릴 때, 당신의 '혈구지도'를 활용하여 모든 이해관계자들의 입장을 고려하고, 모두에게 공정하다고 느껴질 수 있는 방안을 모색해 보는 연습을 해보자.

혈구지도의 여섯 가지 실천 원칙

所惡於上 毋以使下, 所惡於下 毋以事上.

소오어상 무이사하. 소오어하 무이사상.

所惡於前 毋以先後, 所惡於後 毋以從前.

소오어전 무이사후, 소오어후 무이종전.

所惡於右 毋以交於左, 所惡於左 毋以交於右.

소오어우 무이교어좌, 소오어좌 무이교어우.

此之謂絜矩之道也.

차지위혈구지도야.

"윗사람에게서 받으며 불편했던 일을 아랫사람에게 되풀이하지 말라.
아랫사람에게서 싫었던 일을 윗사람을 섬길 때 반복하지 말라.
앞사람에게서 겪은 불편을 뒤따르는 사람에게 물려주지 말라.
뒤따르는 사람에게서 싫었던 일을 앞서는 사람에게 되풀이하지 말라.
오른편 사람에게서 불편했던 일을 왼편 사람과 사귈 때 반복하지 말라.
왼편 사람에게서 싫었던 일을 오른편 사람과 사귈 때 되풀이하지 말라
이것을 일러 '결구絜矩의 도道'라 한다."

원문 해설

이 구절들은 '혈구지도', 즉 천하를 평화롭게 다스리는 가장 중요한 도리가 무엇인지를 구체적인 여섯 가지 상황을 통해 설명한다.

이 가르침은 관계 속에서 공정하고 일관성 있게 행동해야 하는 이유를 명확히 제시한다. 이는 현대사회에서 역지사지의 태도, 공정한 리더십, 그리고 윤리적인 상호작용의 중요성을 강조한다.

1. 所惡於上 毋以使下 소오어상 무이사하 : 내가 상사로부터 무례하게 대우받거나 부당한 지시를 받는 것을 싫어한다면, 나 또한 아랫사람에게 그렇게 해서는 안 된다.

2. 所惡於下 毋以事上 소오어하 무이사상 : 내가 아랫사람으로부터 불성실하거나 기만적인 태도를 싫어한다면, 나 또한 상사를 대할 때 그렇게 해서는 안 된다.

3. 所惡於前 毋以先後 소오어전 무이사후 : 내가 앞선 사람(선배, 먼저 된 자)이 나를 무시하거나 권위를 내세우는 것을 싫어한다면, 나 또한 뒷사람(후배, 뒤에 된 자)에게 그러한 태도를 보여서는 안 된다. 이는 선후배 관계나 시간적 순서에 따른 관계에서의 공정성을 의미한다.

4. 所惡於後 毋以從前 소오어후 무이종전 : 내가 뒷사람(후배)이 무책임하거나 게으른 것을 싫어한다면, 나 또한 앞사람(선배)을 따르는 데 있어서 무책임하거나 게으른 태도를 보여서는 안 된다. 이는 따르는 자의 책임감과 성실성을 강조한다.

5. 所惡於右 毋以交於左 소오어우 무이교어좌 : 내가 옆 사람(동료, 경쟁자)이 나를 속이거나 부당하게 대하는 것을 싫어한다면, 나 또한 다른 옆 사람에게 그렇게 해서는 안 된다. 이는 수평적 관계, 경쟁관계에

서의 공정성을 의미한다.

　6. **所惡於左 毋以交於右** 소오어좌 무이교어우 : 내가 다른 동료가 나를 음해하거나 질투하는 것을 싫어한다면, 나 또한 다른 동료에게 그렇게 해서는 안 된다.

　此之謂絜矩之道也 차지위혈구지도야 : 위의 여섯 가지 원칙이 바로 '혈구지도'의 구체적인 실천 방안임을 최종적으로 선언하는 것이다. 혈구지도는 자신의 마음(我)을 기준으로 삼아(絜) 타인(彼)의 마음을 헤아리고(度), 모든 관계에서 '나'에게 적용하고 싶은 공정함과 덕목을 '남'에게도 동일하게 적용하는 공평무사함을 의미한다.

　『집주集註』에 따르면, 혈구지도는 자신이 싫어하는 것을 남에게 하지 않고, 자신이 원하는 것을 남에게 베풀며, 모든 관계에서 자신을 헤아려 남을 배려하는 '추기급인推己及人'의 원리이자 '서恕'의 도리라고 설명한다. 이 도리를 실천하면 작은 노력으로도 넓은 범위에 영향을 미쳐 천하를 평화롭게 할 수 있다고 강조하고 있다.

　핵심개념은 자신을 기준으로 타인을 헤아리는 역지사지(推己及人), 모든 관계에서의 일관된 공정성, 그리고 자신이 싫어하는 것을 남에게 하지 않는 윤리적 원칙이다. 이 원칙을 통해 개인의 행동이 사회 전체의 평화로 이어질 수 있음을 제시한다.

21세기 시선으로 보는 해석

　이 구절은 현대사회에서 황금률(Golden Rule), 윤리경영, 상호 존중의 문화, 공정성, 그리고 '개인의 책임감'을 강조하는 중요한 가르침이다. 특히, 복잡하고 다면적인 관계 속에서 살아가는 현대인에게 실질적인 지혜를 제공한다.

'所惡於上 毋以使下 소오어상 무이사하' 등의 여섯 가지 원칙.

'관계의 상호성'을 강조한다. 내가 대접받고 싶은 대로 남을 대하고, 내가 대접받기 싫은 것은 남에게 하지 않는다는 것은 모든 건강한 인간관계의 기본이다. 이는 직장 내 소통문화, 고객서비스 윤리, 그리고 상생 협력관계 구축에 필수적인 원칙이다. 예를 들어, 내가 상사로부터 투명한 피드백을 받고 싶다면, 나도 아랫사람에게 명확하고 건설적인 피드백을 주어야 한다는 것이다.

자신이 싫어하는 것을 남에게 하지 않는다.

이 구절은 '네거티브 황금률(Negative Golden Rule)'의 적용이다. 이는 적극적으로 선을 행하는 것뿐만 아니라 타인에게 피해를 주거나 불쾌하게 만드는 행동을 하지 않음으로써 갈등을 예방하고 사회적 조화를 유지하는 데 기여한다. 이는 윤리적 소비, 공정거래, 그리고 사회적 책임(CSR)의 기본 원리가 된다.

앞사람, 뒷사람, 왼쪽, 오른쪽 등은 모든 방향의 관계.

이는 단순히 상하관계뿐만 아니라 선후배 관계, 동료관계, 경쟁관계, 그리고 다양한 협력관계에 이르기까지 삶의 모든 상호작용에 '혈구지도'를 적용해야 함을 의미한다. 이는 네트워크 리더십, 다문화 사회에서의 소통, 그리고 공정한 시장질서 유지에 필수적인 덕목이다.

결론적으로 '혈구지도는 평천하의 요도要道'라는 것은, 개인의 작은 윤리적 실천이 쌓여 큰 사회적 평화를 이룬다는 강력한 메시지다.

나의 말과 행동이 타인에게 어떤 영향을 미칠지 끊임없이 헤아리고, 공정하고 일관된 태도를 유지할 때 비로소 우리는 모두가 만족하는 이상적인 사회를 만들어갈 수 있다.

단산의 대학 강의

우리는 살면서 수많은 사람들과 관계를 맺습니다. 직장에서는 상사와 동료, 후배를 만나고, 사회에서는 다양한 배경을 가진 이웃들과 소통합니다. 이 복잡한 관계 속에서 우리는 어떻게 조화롭고 평화롭게 지낼 수 있을까요? 『대학』은 그 해답을 '혈구지도絜矩之道'에서 찾습니다. 이는 '나의 마음을 자로 삼아 남의 마음을 헤아리는 도리'를 의미하며, 그 구체적인 실천 방법을 여섯 가지 원칙으로 제시합니다.

'소악어상 무이사하 所惡於上 毋以使下'은 윗사람에게 미움 받기 싫은 것을 아랫사람에게 시키지 말라는 뜻입니다.

저는 직장생활을 하면서 불합리한 업무 지시나 무례한 언행으로 인해 마음 상했던 경험이 있습니다. 그때마다 "내가 리더가 되면 절대로 저렇게 하지 않겠다"고 다짐했죠. '혈구지도'는 바로 그 다짐을 행동으로 옮기라고 말합니다. 내가 겪고 싶지 않은 불편함을 남에게 전가하지 않는 것, 이것이 공정한 관계의 시작입니다.

'소악어하 무이사상 所惡於下 毋以事上'은 아랫사람에게 미움 받기 싫은 것을 윗사람을 섬기는 데 쓰지 말라는 의미입니다. 아랫사람이 책임감 없이 불성실하게 행동하는 것을 싫어하듯이, 나 또한 윗사람에게 그렇게 행동하지 않아야 합니다. '내로남불'의 태도를 버리고, 상하관계에서 모두에게 일관된 진실함과 성실함을 보여야 한다는 것입니다.

나아가 『대학』은 시간적(前後)이든 공간적(左右)이든 모든 관계에서 이 원칙을 적용하라고 말합니다. 먼저 시작한 자로서 뒷사람에게 무례하지 말고(所惡於前 毋以先後), 나란히 가는 동료나 경쟁자와도 공정하게 교류해야 한다는 것입니다.(所惡於右 毋以交於左)

우리 사회는 여전히 '선배', '위 기수', '먼저 온 사람'이라는 이유로 불합리한 권위를 내세우거나, 경쟁 과정에서 편법을 사용하는 경우가 많습니다. 혈구지도는 이러한 불공정함을 경계하며, 모든 관계에서 동일한 윤리적 잣대와 공정성을 요구합니다.

이처럼 '차지위혈구지도야 此之謂絜矩之道也', 즉 '나'를 기준으로 삼아 모든 타인의 입장을 헤아리고 공평하게 대하는 것이 바로 혈구지도입니다. 이것은 단순히 착하게 행동하는 것을 넘어, 상대방의 감정과 상황을 섬세하게 고려하여 모두가 만족할 수 있는 최선의 길을 찾는 지혜입니다.

혈구지도를 실천할 때, 우리는 불필요한 갈등을 줄이고, 신뢰를 쌓으며, 더 나아가 모두가 상생하는 건강한 공동체를 만들어갈 수 있습니다. 나의 작은 실천이 쌓여 '천하를 평화롭게 하는(平天下)' 위대한 첫걸음이 될 것입니다.

나를 향한 질문

- 당신은 최근 경험한 갈등이나 불만족스러운 상황에서, '혈구지도'의 원칙(내가 싫어하는 것을 남에게 시키지 않는)을 적용했다면 어떻게 달라질 수 있었을 것이라고 생각하는가?
- 당신이 속한 공동체나 팀에서 '상하, 전후, 좌우' 관계에서 '혈구지도'를 실천하기 위해 어떤 구체적인 노력을 해볼 수 있을까?

실천 과제

- 이번 주 동안, 당신이 타인에게 불만을 표현하거나 요구 사항을 전달할 때, 먼저 그 상대방의 입장에서 생각해 보고 '나라면 어떻게 받아들일까?'라는 질문을 스스로에게 던져보자.
- 당신의 일상적인 관계(가족, 친구, 동료)에서 '혈구지도'를 적용하여, 당신이 대접받고 싶은 방식으로 상대를 대하는 작은 행동 하나를 실천해보자. (예: 먼저 감사 표현하기, 상대의 의견 진심으로 경청하기.)

백성의 부모가 되는 길, '혈구지도'의 완성

詩云, 樂只君子 民之父母,

시운, 낙지군자 민지부모,

民之所好 好之, 民之所惡 惡之.

민지소호 호지, 민지소오 오지.

此之謂民之父母.

차지위민지부모.

"『시경』에 이르기를, "즐거워라, 군자여! 백성의 부모로다." 하였으니,

백성이 좋아하는 바를 좋아하고,

백성이 미워하는 바를 미워하는 것.

이것을 일러 '백성의 부모'라 한다."

원문 해설

이 구절들은 '군자는 백성의 부모'라는 이상적인 리더의 모습을 제시하며, '絜矩之道 혈구지도'의 궁극적인 결과를 설명한다. 『시경』의 시를 인용하여 "즐거운 군자는 백성의 부모로다."라고 노래하

고, 백성이 좋아하는 것을 지도자도 좋아하고, 백성이 싫어하는 것을 지도자도 싫어할 때 비로소 '백성의 부모'라 불릴 수 있다고 말한다. 이는 현대사회에서 리더의 진정한 역할, 공감능력, 그리고 대중과의 소통과 신뢰 구축의 중요성을 강조한다.

詩云, 樂只君子 民之父母 시운 낙지군자 민지부모 : '낙지군자 樂只君子'는 덕을 갖추고 나라를 잘 다스려 백성들에게 사랑받는 지도자의 모습을 나타내고, '민지부모 民之父母'는 백성을 자식처럼 사랑하고 보살피는 지도자를 의미한다. 단순히 통치하는 것을 넘어, 부모가 자식을 아끼는 마음으로 백성을 대하는 지극한 인자함과 책임감을 표현함이다.

民之所好 好之 민지소호 호지 : 백성들이 진정으로 바라고 좋아하는 것(선하거나 유익한 것)을 지도자 또한 진심으로 함께 좋아해야 한다는 것이다. 이는 대중의 마음을 헤아리고, 그들의 니즈를 충족시키려는 적극적인 태도를 의미한다.

民之所惡 惡之 민지소오 오지 : 백성들이 진정으로 싫어하고 고통스러워하는 것(악하거나 해로운 것)을 지도자 또한 진심으로 함께 싫어하고 제거하려 노력해야 한다는 것이다. 이는 대중의 고통에 공감하고, 불의를 바로잡으려는 의지를 보여준다.

此之謂民之父母 차지위민지부모 : 위에서 언급된 두 가지 조건, 즉 '백성의 좋음을 같이 좋아하고, 백성의 싫음을 같이 싫어하는 것'을 실천할 때 비로소 지도자는 '백성의 부모'라 불릴 수 있음을 최종적으로 강조한다. 이는 단순한 인기 영합이 아니라 백성의 마음과 지도자의 마음이 하나가 되는 '혈구지도'의 궁극적인 실현을 의미한다.

지도자가 혈구지도를 통해 백성과 한마음이 될 때, 백성들은 그를 진정한 부모처럼 여기고 따르게 된다.

핵심개념은 백성을 자식처럼 사랑하는 리더십, 백성의 좋고 싫음을 헤아리는 공감 능력, 그리고 이 모든 것이 '혈구지도'의 완성으로서 '치국평천하'를 이루는 핵심임을 강조한다.

21세기 시선으로 보는 해석

이 구절은 현대사회에서 '고객중심경영', '서번트 리더십', '공감적 소통', '진정한 팬덤 형성', 그리고 '사회적 책임' 등 다양한 분야에 적용될 수 있는 깊은 통찰을 제공한다.

즐거운 군자는 백성의 부모로다.
'리더의 기쁨이 공동체의 행복으로 이어짐'을 시사한다.
리더가 진심으로 공동체를 사랑하고 그들의 행복을 추구할 때, 그 리더십은 즐겁고 생산적인 에너지를 발산하며 구성원들에게 긍정적인 영향을 미친다. 이는 '즐거운 리더십', '영향력 있는 리더십', 그리고 '행복한 조직문화'와 연결된다.

백성이 좋아하는 것을 (지도자도) 좋아하고, 백성이 싫어하는 것을 (지도자도) 싫어한다.
'고객/구성원 중심의 사고방식'을 강조한다.

기업의 성공은 고객이 진정으로 원하는 제품과 서비스를 제공하고, 고객의 불편함과 불만을 해결하려는 노력에서 나온다. 정치에서도 국민의 삶을 진정으로 이해하고 공감하며, 그들의 고통을 나의 고통처럼 여기는 리더만이 국민의 지지를 받을 수 있다. 이는 '고객/국민의 소리(VOC) 경청', '공감 마케팅', '문제해결 중심의 정책 수립'과 직결된다.

이것이 바로 백성의 부모라고 하는 것이다.

'진정한 신뢰와 관계 형성'의 중요성을 역설한다.

단순히 권력이나 지시로 다스리는 것을 넘어, 부모가 자식을 조건 없이 사랑하고 보살피듯 깊은 유대감과 책임감으로 대할 때, 리더는 구성원들로부터 진정한 사랑과 존경을 받게 된다. 이는 '서번트 리더십Servant Leadership', '인간중심경영', 그리고 '팬덤 형성'의 본질과 통한다.

결론적으로 이 구절은 리더가 '혈구지도'를 통해 자신을 백성과 동일시하고 그들의 마음을 헤아릴 때, 비로소 진정한 의미의 '치국평천하'가 가능함을 보여준다. 지도자의 덕과 진심이 곧 사회의 평화와 번영을 이끄는 핵심 동력이 된다.

단산의 대학 강의

우리는 종종 '누구의 아버지', '누구의 어머니'라는 호칭에서 깊은 존경심을 느낍니다. 이는 단순히 생물학적인 부모를 넘어, 자식을 지극정성으로 사랑하고 희생하는 존재에 대한 경의를 담고 있기 때문입니다.

『대학』은 이러한 부모의 마음을 리더십에 적용합니다. "즐거운 군자는 백성의 부모로다.(詩云, 樂只君子 民之父母)"라고 노래하며, 이상적인 리더의 모습을 제시합니다. 이는 권력을 휘두르는 자가 아니라 백성을 자식처럼 사랑하고 아끼는 존재가 진정한 리더라는 메시지입니다.

그렇다면 어떻게 '백성의 부모'가 될 수 있을까요? 『대학』은 그 핵심을 "민지소호 호지, 민지소오 오지 民之所好 好之, 民之所惡 惡之"에서 찾습니다. '백성이 좋아하는 것을 지도자도 좋아하고, 백성이 싫어하는 것을 지도자도 싫어해야 한다'는 것입니다.

이는 단순한 인기 영합이 아닙니다. 백성들의 삶의 현장으로 깊이 들어가 그들의 목소리에 귀를 기울이고, 그들이 진정으로 무엇을 바라는지, 무엇 때문에 고통 받는지를 나의 마음으로 헤아려 공감하는 것입니다. 마치 부모가 자식의 기쁨을 나의 기쁨처럼 여기고, 자식의 아픔을 나의 아픔처럼 느끼듯이 말입니다.

저는 최근 고객사의 불만사항을 접수했을 때, 단순히 문제를 해결하는 것을 넘어 고객이 왜 그런 불만을 가지게 되었는지, 그들의 입장에서 어떤 불편함을 겪었을지 깊이 공감하려 노력했습니다. 기술적인 해결책만 제시하는 것이 아니라 진심으로 그들의 고통에 동감하고, 그들이 원하는 방향을 함께 찾아갔습니다. 그 결과, 고객은 문제해결 이상으로 저희 팀에 대한 깊은 신뢰를 보여 주었습니다. 이것이 바로 "백성이 좋아하는 것을 지도자도 좋아하고, 백성이 싫어하는 것을 지도자도 싫어해야 한다"는 말의 실천이며, '혈구지도絜矩之道'가 현실에서 발현되는 모습일 것입니다. 나의 마음을 자로 삼아 상대방의 마음을 재는 지혜가 필요한 것입니다.

결국 '此之謂民之父母 차지위민지부모', 즉 이렇게 백성의 좋고 싫음을 함께하며 그들을 자식처럼 보살피는 리더가 바로 '백성의 부모'라 불릴 수 있습니다.

이러한 리더십은 억압이나 강제가 아닌 진정한 사랑과 신뢰를 바탕으로 공동체를 하나로 묶고, 모두가 만족하며 평화로운 사회를 만들어갑니다. 오늘날 우리의 리더들이 물질적 성공이나 단기적 성과만을 좇는 것을 넘어, '백성의 부모'와 같은 마음으로 구성원과 대중의 목소리에 귀 기울이고 그들의 삶을 진정으로 사랑할 때, 비로소 진정한 '치국평천하'의 시대가 열릴 것이라고 믿습니다.

나를 향한 질문

– 당신이 속한 조직이나 사회에서 '백성의 부모'와 같은 리더십을 발휘하고 있는 사람을 본 적이 있는가? 그들의 어떤 모습이 당신에게 '백성의 부모'로 느껴졌는가?

– 당신이 이끌거나 함께하는 사람들의 '좋고 싫음'을 먼저 헤아려 본 경험이 있는가? 그 결과는 어떠했는가?

실천 과제

- 이번 주, 당신이 영향을 미치고자 하는 특정 그룹(팀원, 고객, 자녀 등)의 구성원 몇 명을 선정하여, 그들이 진정으로 '좋아하는 것'과 '싫어하는 것'이 무엇인지 파악하기 위한 대화를 시도해 보자.
- 당신이 내리는 중요한 결정이나 행동이 그들에게 어떤 영향을 미칠지, '백성의 부모'의 마음으로 깊이 헤아려보고 반영하는 연습을 해보자.

리더의 무게와 '혈구지도'의 중요성

詩云, 節彼南山 維石巖巖. 赫赫師尹 民具爾瞻.

시운, 절피남산 유석암암. 혁혁사윤 민구이첨.

有國者 不可以不愼. 辟則爲天下僇矣.

유국자 불가이불신. 벽즉위천하륙의.

"『시경』에 이르기를,

'높고 높은 저 남산은 바위가 험준하도다.

빛나는 사윤(師尹)이여, 백성들이 모두 그대를 우러러본다.' 하였다.

나라를 가진 자는 신중하지 않을 수 없으니,

그릇되면 천하의 욕됨이 되리라."

원문 해설

이 구절들은 리더의 지위와 그에 따르는 막중한 책임감을 경고하며, '絜矩之道 혈구지도'의 중요성을 다시 한 번 강조한다.

지도자의 위치가 갖는 무게감과 편벽된 마음(辟)이 가져올 재앙을 경고하며, '治國平天下 치국평천하'에 있어 '絜矩之道 혈구지도'의 실천이 필수적임을 강조하고 있다.

詩云 節彼南山 維石巖巖 시운 절피남산 유석암암 : '남산南山은 높고 웅장하며, 바위(石)는 험준하고 단단하다(巖巖).' 이는 지도자의 지위가 높고 견고하며, 동시에 주변의 감시와 평가로부터 벗어날 수 없는 엄숙한 위치임을 비유적으로 표현함이다. 또는 지도자의 권위와 굳건함을 나타내기도 한다.

赫赫師尹 民具爾瞻 혁혁사윤 민구이첨 : 사윤師尹은 주나라의 재상급 고위 관직으로, 막강한 권한을 가진 지도자를 의미하고, '혁혁赫赫'은 빛나고 위엄 있는 모습, 혹은 매우 명성이 높음을 나타낸다.

民具爾瞻 민구이첨 : "백성들이 모두 그대(爾)를 우러러본다"는 것은 지도자의 모든 언행이 백성들의 관심과 감시의 대상이 되며, 그들에게 지대한 영향을 미친다는 것을 강조한다. 리더의 행동 하나하나가 대중에게 그대로 노출되고 평가받는다는 의미다.

有國者 不可以不愼 유국자 불가이불신 : '나라를 가진 자'는 통치자나 지도자를 의미한다. 그들은 막강한 권한과 함께 매우 신중하고 조심스러운 태도(不愼)를 가져야 함을 강조한다. 그들의 작은 실수가 큰 파급효과를 가져올 수 있기 때문이다.

辟則爲天下僇矣 벽즉위천하륙의 : 벽辟은 '편벽되다', 즉 앞에서 설명한 것처럼, 공정하지 못하고 한쪽으로 치우치거나(偏僻) 사적인 감정이나 욕심에 사로잡혀 올바른 판단을 하지 못하는 것을 의미하고, '天下僇 천하륙'은 단순히 처벌을 넘어, 온 세상의 비난과 지탄을 받고 결국 나라가 망하거나 자신이 비극적인 최후를 맞이하게 됨을 의미한다.

이는 불공정하고 사적인 욕심에 치우친 리더십의 최종적인 파멸을 경고한다.

『집주集註』에 따르면, "윗사람의 모든 행동은 사람들이 우러러보므로 신중하지 않을 수 없다. 만약 '혈구지도'를 실천하지 못하고 개인적인 편견에 사로잡혀 좋고 싫음이 치우친다면, 결국 자신은 죽임을 당하고 나라는 망하여 천하의 큰 수치를 당하게 될 것이다."라고 설명한다. 이는 '혈구지도'가 단순한 도덕적 원칙이 아니라 지도자의 생존과 국가의 안녕을 위한 필수적인 지혜임을 강조한다.

핵심개념은 리더의 높은 위치와 공개성, 리더의 신중함과 책임감, 그리고 편견과 불공정함이 가져올 치명적인 결과다. 이는 리더가 '혈구지도'를 통해 공정하고 일관된 태도를 유지해야 할 강력한 이유를 제시한다.

21세기 시선으로 보는 해석

이 구절은 현대사회에서 '리더의 투명성', '공정 리더십', '윤리적 책임', '위기관리', 그리고 '평판관리'의 중요성과 깊이 연결된다. 특히, 정보화 시대에 리더의 모든 행적이 대중에게 노출되는 현실을 정확히 반영한다.

높고 높은 저 남산은⋯ 백성들이 모두 그대를 우러러본다.
이 『시경』의 구절은 '리더의 높은 가시성과 책임감'을 강조한다. 오늘날 기업의 CEO나 정치 지도자는 단순히 내부 구성원뿐 아니라 언론, SNS, 시민단체 등 수많은 '눈'으로부터 감시를 받는다. 그들의 언행 하나하나가 실시간으로 대중에게 전달되고 평가받으며, 작은 실수라도 큰 파장으로 이어질 수 있다. 이는 리더의 공인으로서의 의무, 투명한 경영, 그리고 PR 및 미디어 관리의 중요성을 역설한다.

나라를 가진 자는 삼가지 않을 수 없다.

'리더의 자기 통제와 신중한 의사결정'을 요구한다.

막강한 권한과 영향력을 가진 리더일수록 자신의 결정이 미칠 파급 효과를 깊이 고려하고, 개인적인 감정이나 이익에 휘둘리지 않는 냉철함을 유지해야 한다. 이는 리스크 관리, 위기관리, 그리고 높은 수준의 자기 절제와 직결된다.

만약 편벽되면 천하의 벌을 받게 될 것이다.

'불공정 리더십의 파멸'을 경고한다. 오늘날 편견에 사로잡히거나 특정 집단의 이익만을 대변하며 '내로남불'식으로 행동하는 리더는 결국 대중의 지탄을 받고 권좌에서 물러나는 결과를 초래한다. 성차별, 인종차별, 지역차별 등 편향된 시각이나 개인적인 욕심이 개입된 의사결정은 조직과 사회 전체의 신뢰를 무너뜨린다. 이는 다양성 존중, 공정한 인사 시스템, 그리고 윤리 위반 시의 엄중한 처벌과 연결된다. '천하의 벌'은 사회적 비난, 몰락, 그리고 역사적 오명으로 나타날 수 있다.

결론적으로 이 구절은 리더가 '혈구지도'를 통해 사적인 편견을 극복하고, 공정하고 일관된 태도로 모든 구성원을 헤아릴 때 비로소 진정한 존경을 얻고 '치국평천하'를 이룰 수 있음을 역설한다. 리더의 윤리적 실천은 단순히 개인의 덕목을 넘어, 조직과 사회의 흥망성쇠를 좌우하는 핵심 요소이다.

단산의 대학 강의

높고 웅장한 남산이 험준한 바위를 드러내며 우뚝 서 있듯이, 리더의 위치는 늘 높고 견고합니다. 하지만 『시경』은 그 자리에 앉은 자에게 엄중히 경고합니다. "혁혁한 사윤이여, 백성들이 모두 그대를 우러러본다.(赫赫師尹 民具爾瞻)"라는 구절처럼, 리더의 모든 언행은 마치 투명한 유리창처럼 대중에게 낱낱이 공개되고 평가받습니다.

오늘날 우리는 SNS와 인터넷이라는 거대한 '눈'과 '손가락'의 감시 아래 있습니다. 기업의 CEO, 정치인, 유명인사 할 것 없이 모든 리더의 작은 실수나 사생활이 순식간에 확산되어 엄청난 파장을 일으킬 수 있다. 그렇기에 『대학』은 "有國者 不可以不愼 유국자 부가이부신, 나라를 가진 자는 삼가지 않을 수 없다"고 말합니다. 막강한 권한과 영향력을 가진 리더일수록 자신의 말 한마디, 행동 하나가 가져올 파급 효과를 깊이 생각하고, 극도로 신중해야 합니다.

저는 최근 한 기업의 리더가 개인적인 감정에 치우쳐 특정 직원을 부당하게 대우하는 모습을 보았습니다. 이 소식이 퍼지자마자 조직 내 신뢰는 급격히 무너졌고, 결국 리더십은 큰 위기에 직면했습니다. 이처럼 리더의 작은 '불신不愼'은 조직 전체에 독이 됩니다.

더욱 무서운 경고는 그 다음 구절에 있습니다. "**辟則爲天下僇矣** 벽즉위천하륙의, 만약 편벽되면 천하의 벌을 받게 될 것이다."라는 것입니다. '편벽(辟)'은 앞서 배운 '혈구지도'를 실천하지 못하고, 자신의 사적인 감정이나 욕심, 특정 집단의 이익에 치우쳐 공정하지 못한 판단을 내리는 것을 의미합니다.

우리 사회는 여전히 성별, 학연, 지연, 부의 차이 등으로 인해 편견과 불공정함이 만연하고, 이러한 '편벽'은 리더십의 가장 치명적인 독이며, 결국 대중의 지탄과 함께 모든 것을 잃게 만드는 결과를 초래하게 됩니다. '천하의 벌'은 단순히 감옥에 가는 것을 넘어, 사회적 매장, 역사에 오점으로 남는 것을 의미합다.

결론적으로 『대학』의 이 가르침은 우리에게 리더의 위치가 얼마나 엄중한지를 깨닫게 합니다. 나의 행동이 수많은 사람에게 영향을 미치고, 나의 편견이 공동체 전체를 위험에 빠뜨릴 수 있음을 인지할 때, 우리는 비로소 진정한 '혈구지도'를 실천할 수 있습니다. 눈에 보이는 성공과 권력만을 좇기보다, 보이지 않는 곳에서부터 공정하고 일관된 태도를 유지하며 자신을 다스릴 때, 우리는 비로소 진정한 존경을 얻고 '천하를 평화롭게 하는' 위대한 리더가 될 수 있을 것입니다.

나를 향한 질문

- 당신이 속한 조직이나 사회의 리더 중, '높고 높은 남산처럼 우뚝 서서 백성들이 모두 우러러보는' 위치에 있는 사람이 있다면, 그가 '편벽되지 않게(不辟)' 혈구지도를 실천하고 있다고 생각하는가?
- 당신이 어떤 공동체에서 리더의 역할을 맡고 있거나 맡게 된다면, '천하의 벌'을 피하고 진정한 리더가 되기 위해 어떤 '신중함(愼)'과 '공정함(不辟)'을 갖출 것인가?

실천 과제

- 이번 주, 당신이 어떤 중요한 결정을 내릴 때, 그 결정이 특정 집단이나 개인에게 '편벽'되지는 않는지, 그리고 모든 이해관계자에게 '공정'한지 '혈구지도'의 관점에서 스스로를 점검해 보자.
- 당신이 속한 조직이나 모임에서 '리더'의 언행이 투명하게 공개되고 평가받는다는 것을 인지하고, 당신의 일상적인 행동이나 소통에서 공인으로서의 책임감을 더욱 높여보자.

CHAPTER 7

'의'가 곧 '이로움'이다

덕德과 재물의 본말本末 관계

德者本也 財者末也. 外本內末 爭民施奪.

덕자본야 재자말야. 외본내말 쟁민시탈.

是故 財聚則民散, 財散則民聚.

시고 재취즉민산, 재산즉민취.

是故 言悖而出者 亦悖而入, 貨悖而入者 亦悖而出.

시고 언패이출자 역패이입, 화패이입자 역패이출.

"덕은 근본이고, 재물은 말단이다.

근본을 잃고 말단을 좇으면 백성은 다투고 나라가 어지럽다.

재물이 위에 모이면 백성이 흩어지고,

재물이 아래로 흘러가면 백성이 모인다.

그러므로 말이 거슬러 나오면 거슬러 들어가고,

재물이 부정하게 들어오면 부정하게 나간다."

원문 해설

이 구절들은 "덕德이 근본이요, 재물(財)은 말단이다."라는 『대학』

의 중요한 통찰을 제시하며, 근본을 등한시하고 말단에 치우칠 때 발생하는 폐해를 경고한다.

"근본을 밖으로 여기고 말단을 안으로 여기면, 백성과 다투어 빼앗음을 베풀게 된다. 그러므로 재물이 모이면 백성이 흩어지고, 재물이 흩어지면 백성이 모인다"고 말한다. 나아가 "말이 거슬려 나오면 또한 거슬려 들어가고, 재물이 거슬려 들어오면 또한 거슬려 나간다"고 강조하며, 인과응보의 원리를 통해 덕과 재물의 관계를 명확히 한다. 이는 현대사회에서 리더의 가치관, 기업의 윤리 경영, 그리고 지속 가능한 성장을 위한 지혜를 심도 있게 다룬다.

德者本也 財者末也 덕자본야 재자말야 : 덕德은 개인의 인격, 윤리적 가치, 도덕성, 그리고 타인을 이롭게 하는 마음가짐 등 내면적이고 근본적인 가치를 의미하고, 재물(財)은 돈과 자원 등 외부적이고 물질적인 결과물을 의미한다.

이 구절은 덕이 재물보다 훨씬 더 근본적이고 중요한 가치임을 명확히 선언한다.

外本內末 爭民施奪 외본내말 쟁민시탈 : '외본내말'은 '본(德)'을 외부적인 것으로 여기고 소홀히 하며, '말(財)'을 내면의 중요한 것으로 여기고 탐하는 잘못된 가치관을 지적한다.

이러한 가치관을 가진 통치자는 백성들의 이익을 탐하여 그들과 '다투어(爭民)' 빼앗는 행위(施奪: 겁탈하는 가르침을 베푼다)를 서슴지 않게 된다. 이는 리더의 탐욕이 백성을 착취하는 결과를 초래함을 경고한다.

是故 財聚則民散 財散則民聚 시고 재취즉민산 재산즉민취 : '재취즉민산

財聚則民散'은 통치자나 특정 집단이 재물을 사적으로 축적하고 독점하면, 백성들의 불만이 커지고 신뢰를 잃어 결국 백성들이 흩어진다는 것이다. 이는 부의 불평등이 사회적 분열을 초래함을 보여준다.

'재산즉민취 財散則民聚'는 통치자가 재물을 백성을 위해 나누고 공정하게 분배하면, 백성들이 안심하고 지도자를 따르게 되어 인심이 모인다는 것이다. 이는 재물의 공정한 분배와 리더의 베풂이 민심을 얻는 길임을 강조한다.

貨悖而入者 亦悖而出 是故 言悖而出者 亦悖而入 화패이입자 역패이출 시고 언패이출자 역패이입 : '언패이출자 역패이입'은 '말이 거슬리게(悖) 나가면'(남에게 불쾌하고 무례한 말을 하면), '또한 거슬리게 들어온다.'(남으로부터 똑같이 무례한 말을 듣게 된다)는 의미다. 이는 언행의 인과응보를 강조한다.

'화패이입자 역패이출 貨悖而入者 亦悖而出'은 '재물이 거슬리게(悖) 들어오면'(부당한 방법으로 재물을 얻으면), '또한 거슬리게 나간다(그 재물 또한 부당한 방법으로 사라지거나 재앙을 불러온다)'는 의미이다. 이는 부정하게 얻은 재물은 오래가지 못하고 결국 화를 부른다는 경고이다.

이 두 구절은 말과 재물에 대한 보편적인 인과응보의 원리를 보여주며, 정직하고 윤리적인 태도가 모든 것의 근본임을 다시 한 번 강조한다.

핵심개념은 덕德의 '근본성 대 재물(財)'의 말단성, 잘못된 가치관의 폐해, 부의 집중과 민심의 이반, 부의 분배와 민심의 결집, 그리고 말과 재물의 인과응보이다. 이는 리더의 가치관과 윤리적 실천이 국가와 사회의 흥망성쇠를 좌우함을 역설한다.

21세기 시선으로 보는 해석

이 구절은 현대사회에서 '기업의 사회적 책임(CSR)', 'ESG경영', '소득 불균형 문제', '리더의 윤리경영', 그리고 '지속가능한 성장모델'과 깊이 연결되는 매우 중요한 통찰을 제공한다.

덕은 근본이요, 재물은 말단이다.

'본질적인 가치 추구와 지속가능한 경영'을 강조한다. 현대기업들은 단기적인 이윤 극대화에 매몰되어 환경 파괴, 노동 착취 등 비윤리적인 행위를 저지르곤 한다. 하지만 이 구절은 진정한 성공은 이윤이 아니라 기업의 사회적 책임과 윤리적 가치, 즉 '덕'에 있음을 보여준다. 이는 ESG경영의 'E(환경)'와 'S(사회)' 측면, 그리고 기업의 장기적인 브랜드 가치 형성에 필수적인 원칙이다.

재물이 모이면 백성이 흩어지고, 재물이 흩어지면 백성이 모인다.

'소득 불평등과 양극화 문제'에 대한 경고다. 소수의 자본가가 부를 독점하고 노동자에게 정당한 대가를 지불하지 않거나, 기업이 이윤을 사회에 환원하지 않을 때, 사회적 갈등은 심화되고 소비자들의 불신은 커진다. 반대로 기업이 이윤을 공유하고 사회에 기여할 때, 직원들은 주인의식을 가지고 고객들은 충성심을 보인다. 이는 공정 분배, 상생 경영, 그리고 기업의 사회적 기여의 중요성을 역설한다.

말이 거슬려 나오면 또한 거슬려 들어가고, 재물이 거슬려 들어오면 또한

거슬려 나간다.

'인과응보의 법칙과 투명한 경영'을 강조한다. 기업이 고객을 속이거나, 직원들에게 부당한 대우를 하면, 그 부정적인 평판은 결국 기업의 매출 하락으로 이어진다. 불법적인 방법으로 얻은 이득은 결국 불투명한 방식으로 사라지거나 법적 문제로 돌아올 수 있다. 이는 투명한 커뮤니케이션, 윤리적 마케팅, 그리고 법과 원칙 준수의 중요성을 역설하며, 부정직한 이득은 지속 가능하지 않음을 경고한다.

결론적으로 이 구절은 리더가 '덕'이라는 근본에 충실하고, 재물을 '유용하게 쓰는' 지혜를 가질 때 비로소 조직과 사회가 안정되고 지속적으로 번영할 수 있음을 보여준다. 이는 단순히 도덕적 가르침을 넘어, 현대 경영과 사회 운영의 핵심 원리를 제시한다.

단산의 대학 강의

현대사회는 종종 재물을 숭배하는 경향이 있습니다. 우리는 돈이 많으면 행복하고, 기업의 목적은 오직 이윤 창출에 있다고 생각하기 쉽습니다. 하지만 『대학』은 이러한 생각을 깊이 있게 되돌아보게 합니다.

'덕은 근본이요, 재물은 말단이다.(德者本也 財者末也)'라는 이 구절은, 물질적 풍요가 아닌 내면의 가치와 윤리적 품격이 진정한 성공의 뿌리임을 선언합니다. 아무리 많은 돈을 벌어도 그 과정이 비윤리적이거나, 그 돈을 사용하는 방식이 탐욕스럽다면, 진정한 의미의 성공이라 할 수 없을 것입니다.

『대학』은 근본을 등한시하고 말단에 치우칠 때 발생하는 위험을 경고합니다. "근본을 밖으로 여기고 말단을 안으로 여기면, 백성과 다투어 빼앗음을 베풀게 된다.(外本內末 爭民施奪)"라는 것은, 리더가 오직 자신의 이윤만을 추구하며 백성(혹은 직원, 고객)의 이익을 착취할 때 사회가 혼란에 빠진다는 의미입니다. 실제로 우리는 소수의 재벌이 부를 독점하고, 기업이 노동자를 착취하여 이윤을 극대화할 때 사회적 불만과 갈등이 폭발하는 것을 목격하곤 합니다.

이러한 현상은 "재물이 모이면 백성이 흩어지고, 재물이 흩어지면 백성이 모인다"는 냉엄한 진리로 이어집니다. 기업이 아무리 많은 이윤을 창출해도 그것을 공정하게 분배하거나 사회에 환원하지 않으면, 직원들은 떠나가고 고객들은 등을 돌릴 것입니다.

반대로, 이윤을 나누고 사회적 책임을 다하는 기업에게는 유능한 인재들이 몰려들고, 고객들은 충성심을 보이며 긍정적인 이미지를 형성합니다. 이는 ESG경영이 단순한 유행이 아니라 기업의 지속가능한 성장을 위한 필수 전략임을 보여주는 대목입니다.

또한 『대학』은 "'말이 거슬려 나오면 또한 거슬려 들어가고, 재물이 거슬려 들어오면 또한 거슬려 나간다.(言悖而出者 亦悖而入, 貨悖而入者 亦悖而出)"는 엄중한 인과응보의 원리를 제시합니다.

고객을 기만하고 직원을 무시하는 리더의 말은 결국 자신에게 부메랑이 되어 돌아오고, 불법적인 편법으로 벌어들인 재물은 결국 예기치 못한 형태로 사라지거나 큰 화를 불러올 수 있습니다. 한때 성공했던 기업들이 투명하지 못한 경영 방식이나 비윤리적인 행위로 인해 한순간에 몰락하는 사례들은 이 가르침의 진리를 증명합니다.

결론적으로 『대학』의 이 가르침은 우리에게 진정한 부와 성공은 '덕'이라는 근본 가치 위에서만 지속될 수 있음을 일깨워 줍니다. 재물은 단지 유용하게 쓰여야 할 도구일 뿐이며, 그것을 쌓는 방식과 사용하는 방식에 '덕'이 깃들어야만 비로소 개인과 사회 모두에게 진정한 행복과 번영을 가져다줄 수 있습니다. 당신의 '덕'이 가장 강력한 자산임을 기억해야 할 것입니다.

나를 향한 질문

- 당신이 속한 조직이나 사회에서 '재물이 모이면 백성이 흩어지고, 재물이 흩어지면 백성이 모이는' 현상을 목격한 적이 있는가?
- 당신은 "말이 거슬려 나오면 거슬려 들어간다"는 것을 경험한 적이 있는가? 그리고 "재물이 거슬려 들어오면 거슬려 나간다"는 인과응보의 원리가 당신의 삶에 어떻게 적용될 수 있다고 생각하는가?

실천 과제

- 이번 한 주 동안, 당신이 어떤 일을 결정하거나 행동할 때, '재물'이나 '성과'보다 '덕'이라는 근본적인 가치를 우선순위에 두는 작은 실천을 해보자. (예: 당장의 이익보다 윤리적인 선택, 팀원에게 공정한 기회 제공.)
- 당신의 언행이나 재물 사용에 있어서 '거슬림(悖)'이 없는지 스스로를 점검하고, '덕'을 기반으로 한 긍정적인 영향력을 의식적으로 실천해보자.

군자의 이익,
의義가 곧 '이로움'이다

君子 以義爲利也.

군자 이의위리야.

孟獻子曰 畜馬乘 不察於鷄豚, 伐氷之家 不畜牛羊.

맹헌자왈 휵마승 불찰어계돈, 벌빙지가 불휵우양.

百乘之家 不畜聚斂之臣, 與其有聚斂之臣 寧有盜臣.

백승지가 불휵취렴지신, 여기유 렴지신 영유도신.

此謂國 不以利爲利 以義爲利也.

차위국 불이리위리 이의위리야

長國家而務財用者 必自小人矣. 小人之使爲國家 菑害 竝至.

장국가이무재용자 필자소인의. 소인지사위국가 재해 병지.

雖有善者 亦無如之何矣. 此謂國 不以利爲利 以義爲利也.

수유선자 역무여지하의. 차위국 불이리위리 이의위리야.

"군자는 의義를 이利로 삼는다.

맹헌자가 말하기를,

말과 수레를 기를 정도의 집에서는

닭과 돼지 같은 작은 짐승을 일일이 살피지 않고,

얼음을 베어(제사용으로) 쓰는 집은 소나 양을 기르지 않는다.

수레 백 대를 거느린 큰 집안은

세금이나 재물을 모으는 아전 같은 신하를 두지 않으며,

재물을 긁어모으는 신하를 두느니 차라리 훔치는 신하를 두겠다.

이것이 바로 나라가 이로움을 이로움으로 삼지 않고,

의로움을 이로움으로 삼는다는 것이다.

나라를 다스리면서 재물의 사용과 축적에만 힘쓰는 자는,

반드시 소인小人으로부터 비롯된다.

소인을 시켜 나라의 일을 맡기면, 재앙과 해악이 함께 닥친다.

비록 선한 사람이 있다 하더라도, 아무런 힘을 쓸 수 없게 된다.

이것을 두고 말하기를,

'나라는 이익을 이익으로 삼지 말고,

의로움을 이익으로 삼아야 한다.'라고 한다."

원문 해설

이 장은 "군자는 의로움을 진정한 이익으로 삼아야 한다.(君子 以義 爲利)"라는 『대학』의 핵심 사상을 강조한다. 이는 단기적인 물질적 이익보다 장기적인 도덕적 가치가 국가와 공동체의 번영에 더욱 중요하다는 점을 역설한다.

이는 현대사회에서 리더의 올바른 가치관, 윤리경영, 그리고 장기적인 관점에서 의義가 진정한 이익임을 심도 있게 다룬다.

畜馬乘 不察於鷄豚 축마승 불찰어계돈 : 높은 지위에 있는 사람일수록 지엽적인 작은 이익에 연연하지 않고 큰 도리를 지켜야 한다는 의미다.

伐氷之家 不畜牛羊 벌빙지가 불휵우양 : 조상에 대한 제사 등에 쓸 얼음을 저장할 만큼 부유하고 품위 있는 집안은, 역시 작은 가축으로 인한 사소한 이익을 추구하지 않는다는 뜻이다. 이는 지도층의 품위와 큰 그림을 보는 시각을 강조한다.

百乘之家 不畜聚斂之臣 與其有聚 斂之臣 寧有盜臣 백승지가 불휵취렴지신 여기유 취렴지신 영유도신 : 취렴지신 聚斂之臣은 백성에게서 세금을 과도하게 거두어 재물을 모으는 데만 능한 간신배를 의미하고, 도신盜臣은 재물을 훔치는 신하를 말한다.

맹헌자는 백성을 착취하여 재물을 모으는 '취렴지신'보다 차라리 직접적으로 재물을 훔치는 '도신'을 두는 것이 낫다고 극단적으로 말한다. 이는 백성을 괴롭히는 행위가 재물을 훔치는 것보다 훨씬 더 심각한 악행임을 강조하며, 리더는 백성의 고통을 외면하고 자신의 재물만을 늘리는 행위를 경계해야 함을 역설한다.

此謂國 不以利爲利 以義爲利也 차위국 불이리위리 이의위리야 : 앞선 맹헌자의 말을 요약하여, 국가 운영의 궁극적인 목표가 단순히 재물의 축적(利)이 아니라, 백성의 행복과 정의로운 사회 구현(義)에 있음을 강조한다. 진정한 이익은 의로움에서 비롯된다는 것이다.

長國家而務財用者 必自小人矣 (彼爲善之) 小人之使爲國家 菑害 竝至 雖有善者 亦無如之何矣 장국가이무재용자 필자소인의 (피위선지) 소인지사위국가 재해 병지 수유선자 역무여지하의 : 나라를 다스리는 자가 재물 사용에만 힘쓰면 반드시 소인의 길로 빠지게 된다. (그는 그것을 잘한다고 여기지만)

소인으로 하여금 국가를 다스리게 하면 재앙과 해악이 함께 닥쳐오고, 아무리 훌륭한 사람이라도 그 재앙을 어찌할 수 없게 된다.

- '長國家而務財用者 장국가이무재용자'는 국가를 책임지는 리더가 오직 재물을 늘리고 사용하는 데만 급급하고(탐욕에 빠져), 그 과정에서 덕과 의를 등한시하는 경우를 말한다.
- 必自小人 필자소인 은 이런 리더는 결국 '소인小人'이 된다는 의미다. 즉 사사로운 욕심에 눈이 멀어 공적인 이익을 해치는 존재가 된다. (『집주』에서는 '그것을 잘한다고 여기지만'이라는 구절이 첨가되어, 소인들이 자신들의 탐욕을 합리화하는 모습을 보여준다.)
- '菑害竝至 재해병지'는 소인이 국가를 운영하면 그 탐욕과 비윤리적인 행위로 인해 재앙과 해악이 동시에 닥쳐온다는 의미다. 사회적 불평등 심화, 부패 만연, 민심 이반 등의 총체적인 위기를 의미한다.
- '雖有善者 亦無如之何矣 수유선자 역무여지하의'는 일단 재앙이 닥치면, 아무리 훌륭하고 덕 있는 사람(善者)이 나타나더라도 그 위기를 수습하기 어렵다는 것이다. 이는 탐욕과 불의가 초래하는 파괴적인 결과가 얼마나 되돌리기 어려운지를 경고한다.

此謂國 不以利爲利 以義爲利也 차위국불이리위리 이의위리야 : 이 장 전체의 내용을 다시 한 번 강조하며, 국가의 진정한 번영은 물질적 이익 추구가 아닌 의로움(義)을 근본으로 삼을 때만 가능하다는 핵심 메시지를 전달한다.

핵심개념은 지도층의 탐욕 경계, 백성을 착취하는 취렴지신 배척, 재물보다 의로움의 가치 중시, 리더의 탐욕이 초래하는 재앙, 그리고 의로움이 진정한 이익이라는 궁극적인 깨달음이다.

21세기 시선으로 보는 해석

이 구절은 현대사회에서 '기업의 윤리경영', 'ESG경영의 본질', '리더의 책임감', '소득 불균형 문제', 그리고 '지속가능한 성장 모델'을 이해하는 데 매우 중요한 통찰을 제공한다.

畜馬乘 不察於鷄豚 휵마승 불찰어계돈

이 비유는 '리더의 높은 도덕적 기준과 탐욕 경계'를 강조함이다.

현대사회에서 기업의 최고경영자나 정치지도자는 사적인 이익에 연연하지 않고, 장기적이고 거시적인 관점에서 공동체의 이익을 우선해야 한다. 작은 편법이나 사리사욕에 빠지는 것은 리더의 품위를 손상시키고 신뢰를 잃게 한다. 이는 노블레스 오블리주, 청렴한 공직생활, 그리고 기업 지배 구조의 투명성과 직결된다.

취렴지신보다 도신이 낫다.

'백성/고객 착취의 심각성'을 경고한다. 기업이 단기적인 이윤을 위해 소비자에게 부당한 가격을 매기거나, 직원들에게 과도한 노동을 강요하는 것은 '취렴'과 다름없다. 이는 직접적인 절도보다 더 교묘하고 광범위하게 사회의 신뢰를 훼손한다. 이 구절은 윤리적 마케팅, 공정 노동, 그리고 소비자 권익 보호의 중요성을 역설하며, 사회적 책임을 다하지 않는 기업은 결국 시장에서 외면 받을 것임을 시사한다.

국가는 이로움을 이로움으로 삼지 않고 의로움을 이로움으로 삼는다.

'ESG경영의 핵심 철학'이다. 기업이 단순히 이윤(利)만을 추구하는 것이 아니라 환경(E), 사회(S), 지배구조(G)와 같은 의로움(義)을 추구할 때 장기적으로 더 큰 이익과 지속가능한 성장을 이룰 수 있다는 현대 경영의 핵심 원리와 일치한다. 이는 기업의 사회적 가치 창출, 사회적 기업의 역할, 그리고 브랜드 이미지 제고에 필수적이다.

나라를 다스리는 자가 재물 사용에만 힘쓰면 반드시 소인의 길로 빠지게 되고, 재앙이 겹쳐 닥쳐온다.

'리더의 가치관이 초래하는 파괴적 결과'를 경고한다.

이윤만을 맹목적으로 추구하는 리더는 결국 비윤리적인 유혹에 빠지기 쉽고, 그로 인해 부패, 조직 내 갈등, 민심 이반 등 총체적인 위기를 초래합니다. 이는 리더십 교육, 윤리 규정 강화, 그리고 견제와 균형 시스템의 중요성을 강조한다.

단산의 대학 강의

현대사회는 '이익'이라는 단어에 과도하게 매몰되어 있습니다. 우리는 돈을 벌기 위해 수단과 방법을 가리지 않고, 기업은 이윤 극대화를 최우선 목표로 삼는 경우가 많습니다. 하지만 『대학』은 이러한 물질주의적 가치관에 강력한 경고를 던집니다. 군자는 의義로써 이로움을 삼는다(君子 以義爲利也)'는 이 구절은, 진정한 이익이 무엇인지를 우리에게 깊이 생각하게 합니다.

맹헌자의 비유는 더욱 충격적입니다. "전차 백 대를 가진 제후가 백성을 착취하여 재물을 모으는 '취렴지신'을 두느니 차라리 '도둑 같은 신하'를 두는 것이 낫다"는 것입니다. 이는 백성(혹은 고객, 직원)을 괴롭혀 얻는 부당한 이익이 단순히 재물을 훔치는 것보다 훨씬 더 심각한 악행임을 보여줍니다.

저는 이 구절을 읽으며, 고객의 불편을 외면하고 불합리한 가격으로 폭리를 취하거나, 직원을 열악한 환경에서 부려 이윤을 극대화하려는 기업들이 떠올랐습니다. 단기적인 이윤은 얻을지 모르나, 장기적으로는 고객의 신뢰와 직원의 충성도를 잃어버리는 '취렴'의 길을 걷고 있는 것입니다.

이러한 통찰을 바탕으로 『대학』은 '나라는 이로움을 이로움으로 삼지 않고, 의로움을 이로움으로 삼는다(此謂國不以利爲利 以義爲利也)'고 결론을 내립니다.

국가와 기업의 진정한 번영은 단순히 재물의 양에 달려 있지 않습니다. 공동체 구성원들의 행복과 정의로운 사회 시스템, 즉 '의義'를 추구할 때 비로소 진정한 의미의 이익이 창출되고 지속 가능해진다는 것입니다. 오늘날 많은 기업들이 ESG경영을 핵심 가치로 삼는 이유도 바로 여기에 있습니다. 환경을 보호하고, 사회적 책임을 다하며, 투명한 지배 구조를 가질 때 비로소 기업은 대중의 신뢰를 얻고, 장기적인 성공을 담보할 수 있습니다.

나아가 『대학』은 "나라를 다스리는 자가 재물 사용에만 힘쓰면 반드시 소인의 길로 빠진다.(長國家而務財用者 必自小人矣)"라고 경고합니다. 재물에 대한 탐욕은 리더를 소인으로 만들고, 결국 재앙과 해악이 겹쳐 닥쳐오게 됩니다.

이는 개인의 삶에서도 마찬가지입니다. 돈만을 좇아 비윤리적인 행동을 서슴지 않는 사람은 결국 건강, 명예, 인간관계 등 모든 것을 잃고 파멸에 이르게 됩니다. 일단 재앙이 닥치면, 아무리 유능한 사람이라도 그 상황을 되돌리기 어렵다고 『대학』은 다시 한 번 강조합니다.

결론적으로 『대학』의 이 가르침은 우리에게 눈앞의 물질적 이익에 현혹되지 말고, '의義'라는 근본적인 가치를 추구하라고 강력하게 권합니다. 의로움이 곧 진정한 이익이며, 의로움에 기반한 삶과 경영만이 지속가능한 번영과 진정한 행복을 가져다줄 것입니다. 당신이 어떤 위치에 있든, '의'를 나침반 삼아 흔들림 없이 나아갈 때 비로소 진정한 군자가 될 수 있습니다.

나를 향한 질문

- 당신이 속한 조직이나 사회에서 '취렴지신'과 같은 태도로 단기적인 이익만을 추구하다가 결국 큰 손해를 본 사례를 목격한

적이 있는가?

– 당신의 삶에서 '이로움(利)'과 '의로움(義)' 중 어떤 것을 진정한 '이익'으로 삼고 있는가? 그리고 그 가치관이 당신의 행동과 결정에 어떤 영향을 미치고 있는가?

실천 과제

– 이번 주 동안, 당신이 어떤 일을 결정할 때 '단순한 이익'을 넘어 '의로움'이라는 가치를 기준으로 삼아보자. (예: 당장의 매출보다 윤리적 생산 방식 선택, 공정한 팀원 평가)

– 당신의 언행이나 재물 사용에 있어서 '거슬림(悖)'이 없는지 스스로를 점검하고, '의'를 기반으로 한 긍정적인 영향력을 의식적으로 실천해보자.

재물을 생산하는 큰 도리

❖

生財有大道.

생재유대도.

生之者衆, 食之者寡, 爲之者疾, 用之者舒, 則財恒足矣.

생지자중, 식지자과, 위지자질, 용지자서, 즉재항족의.

仁者 以財發身, 不仁者 以身發財.

인자 이재발신, 불인자 이신발재.

未有上好仁 而下不好義者也.

미유상호인 이하불호의자야.

未有好義 其事不終者也.

미유호의 기사불종자야.

未有府庫財 非其財者也.

미유부고재 비기재자야.

"재물을 생산하는 데에는 큰 도道가 있다.

생산하는 사람이 많고, 소비하는 사람이 적으며,

재물을 만드는 일은 부지런히 하고,

그 재물을 쓰는 일은 절제하여 느긋하게 하면,

재물은 항상 넉넉하게 된다.

어진 사람은 재물로써 자신을 드러내고,

불인한 사람은 자신의 몸으로 재물을 얻는다.

윗사람이 인仁을 좋아하면서

아랫사람이 의義를 좋아하지 않는 경우는 일찍이 없었다.

의義를 좋아하는데, 그 일이 끝내 이루어지지 않은 적도 없었다.

창고가 가득 차면서, 백성이 부유해지지 않은 경우도 없었다."

원문 해설

이 장은 '생재유대도 生財有大道', 즉 '재물을 생산하는 큰 도리'를 설명하며, 국가와 개인의 부가 지속적으로 유지될 수 있는 근본 원리를 제시한다. 이는 재물을 '말단(末)'으로 보되, 그것을 올바르게 관리하고 활용하는 지혜를 강조하는 것이며, '생산성, 소비습관, 윤리적 부의 축적, 리더의 가치관, 그리고 공정한 사회 시스템의 중요성을 심도 있게 다룬다.

生之者衆 食之者寡 생지자중 식지자과 : 많은 사람이 생산 활동에 참여하고, 불필요한 소비나 낭비가 적어야 재물이 쌓일 수 있다. 이는 생산 활동의 활성화와 절약 정신을 강조한다.

爲之者疾 用之者舒 위지자질 용지자서 : 재물을 만들어내는 데는 부지런하고 빠르게(疾) 노력해야 하며, 재물을 사용하는 데는 신중하고 검소하게(舒) 해야 한다는 의미다. 이는 근면성실한 생산과 절제 있는 소비를 강조함이다.

則財恒足矣 즉재항족의 : 위의 네 가지 조건(생산은 많게, 소비는 적게, 일은

빠르게, 사용은 느긋하게)이 충족될 때, 재물이 고갈되지 않고 항상 풍족하게 유지될 수 있음을 말한다.

仁者 以財發身 인자 이재발신 : '**發身** 발신'은 '자신을 발양시킨다', '덕을 쌓는다'는 의미다. 인자한 사람은 재물을 자신의 사리사욕을 채우는 데 사용하지 않고, 오히려 재물을 통해 자신의 덕을 쌓고, 인격을 수양하며, 선한 일을 행하여 자신의 가치를 더욱 높인다. 이는 재물이 덕을 실천하는 도구임을 보여주고 있다.

不仁者 以身發財 불인자 이신발재 : '**不仁者** 불인자'는 욕심에 눈이 멀어 수단과 방법을 가리지 않고 재물을 모으려는 사람을 의미한다. 그들은 재물을 얻기 위해 자신의 몸(인격, 건강, 명예)을 망치거나, 심지어 목숨까지 잃게 된다. 이는 부당한 방법으로 얻은 재물이 결국 자신을 해치는 결과를 초래함을 경고한다.

未有上好仁 而下不好義者也 미유상호인 이하불호의자야 : 윗사람(지도자)이 백성을 사랑하고 배려하는 '인仁'을 좋아하고 실천하면, 아랫사람(백성)들 또한 자연스럽게 '의(義: 정의, 의리, 윤리적 옳음)'를 좋아하고 따르게 된다는 것이다. 이는 리더의 덕이 백성에게 미치는 감화력을 강조한다.

未有好義 其事不終者也 미유호의 기사불종자야 : 백성이 의를 좋아하고 공정한 것을 추구하면, 그 사회에서 행해지는 모든 일(사무)이 순조롭게 진행되어 결국은 성공적으로 마무리되지 않는 법이 없다는 것이다. 이는 사회의 정의가 바로 설 때 모든 일이 원만하게 이루어짐을 보여준다.

未有府庫財 非其財者也 미유부고재 비기재자야 : 윗사람이 인을 좋아하고 백성이 의를 좋아하는 사회에서는, 나라의 창고(府庫)에 쌓인 재

물이 (부당하게 사용되거나 도둑맞지 않고) 모두 나라의 올바른 재산이 된다는 것이다. 즉 공정하고 윤리적인 사회에서는 재물이 안정적으로 관리되고 백성을 위해 제대로 쓰인다는 의미다.

핵심개념은 재물이 지속적으로 풍족함을 누리기 위한 생산·소비의 원칙, 재물 활용에 있어 인자와 불인자의 차이, 그리고 리더의 인이 백성의 의를 이끌어 사회를 안정시키고 재물을 올바르게 쓰는 선순환 구조다.

21세기 시선으로 보는 해석

이 구절은 현대사회에서 '국가경제 성장전략', '개인의 재정관리', 'ESG경영', '윤리적 리더십', 그리고 '사회적 자본의 중요성'과 매우 깊이 연결된다.

생산하는 자는 많고 소비하는 자는 적으며, 일하는 자는 부지런하고 쓰는 자는 느긋하면 재물이 항상 풍족할 것이다.

'국가경제 운영과 개인의 재정관리 원칙'이다. 국가 차원에서는 생산성 증대와 건전한 재정 운영을, 개인 차원에서는 근검절약과 현명한 소비습관을 강조한다. 이는 저축률 증대, 효율적인 자원 배분, 불필요한 소비 억제, 그리고 장기적인 재정 계획의 중요성과 맞닿아 있다.

인자한 사람은 재물로써 자신을 발전시키고, 불인자한 사람은 자신을 망쳐 재물을 얻는다.

'윤리적 부의 축적과 활용'을 말한다.

현대사회에서 부를 축적하는 과정의 윤리성이 점점 더 중요해지고 있다. 비윤리적 방법으로 부를 쌓은 기업이나 개인은 결국 사회적 비난과 법적 처벌을 받게 된다. 반대로, 자신의 부를 사회적 가치를 창출하고 인류 발전에 기여하는 데 사용하는 기업가나 자선가들은 존경받으며 '자신을 발전'시킨다. 이는 기업의 사회적 책임(CSR), 윤리경영, 그리고 '노블레스 오블리주'와 연결된다.

윗사람이 인을 좋아하면 아랫사람이 의를 좋아한다.

'리더의 가치관이 조직문화에 미치는 영향'을 말한다.

리더가 돈이나 권력만을 좇지 않고, 인간존중, 공정성, 협력과 같은 '인仁'의 가치를 우선시할 때, 직원들 또한 정직하고 의리 있는 '의義'로운 태도를 갖게 된다. 이는 긍정적인 조직문화 형성, 직원들의 업무 몰입도 향상, 그리고 윤리적 의사결정의 확산에 필수적이다.

의를 좋아하는데 그 일이 끝까지 잘되지 않는 법이 없다.

'정의로운 사회가 가져오는 효율성과 안정성'을 말한다. 사회구성원들이 옳고 그름을 분별하고 정의를 추구하며 서로 신뢰할 때, 불필요한 갈등과 비효율이 줄어들어 모든 일이 순조롭게 진행된다.

이는 투명한 사회 시스템, 법치주의 확립, 그리고 사회적 신뢰자본 구축의 중요성을 강조한다.

나라의 재물이 그 나라의 재물이 아닌 법이 없다.

'공정한 세금 제도와 부의 순환'을 시사한다. 리더가 인을 베풀고 백성이 의를 지키는 사회에서는 재물이 사적으로 유용되거나 부정하게 축적되지 않고, 모두 국가의 공적 자산으로서 백성을 위해 사용된다는 의미다.

이는 투명한 재정운영, 부패방지, 그리고 공공자원의 효율적 활용과 연결된다.

단산의 대학 강의

우리는 모두 풍요로운 삶을 꿈꿉니다. 개인적으로는 경제적 자유를, 국가적으로는 번영하는 미래를 원하죠. 하지만 진정한 부는 어떻게 만들어지고 어떻게 유지될까요? 『대학』은 그 답을 "재물을 생산하는 데 큰 도리가 있다(生財有大道)'는 구절에서 찾습니다. 그 도리는 지극히 단순하지만 강력합니다. "생산하는 사람은 많고 소비하는 사람은 적으며, 일하는 사람은 부지런하고 쓰는 사람은 느긋하면 재물이 항상 풍족할 것이다.(生之者衆 食之者寡 爲之者疾 用之者舒 則財恒足矣)"라는 말입니다.

이는 개인의 재정관리부터 국가경제 운영에 이르기까지 적용되는 보편적인 원칙입니다. 불필요한 낭비를 줄이고, 끊임없이 생산성을 높이며, 검소한 소비 습관을 가질 때 비로소 우리는 진정한 풍요를 누릴 수 있습니다.

그런데 이 재물을 다루는 태도에 따라 사람의 인격과 운명이 결정된다고 『대학』은 말합니다. "인자한 사람은 재물로써 자신을 발전시키고, 불인자한 사람은 자신을 망쳐 재물을 얻는다.(仁者以財發身 不仁者以身發財)"라는 구절은 소름 끼치도록 현실적입니다. 비윤리적인 방법으로 돈을 벌고, 오직 사리사욕만을 채우기 위해 재물을 사용하는 사람은 결국 건강과 명예, 심지어 목숨까지 잃게 됩니다.

반대로, 자신의 부를 사회적 가치 창출과 인류 발전에 기여하는데 사용하는 사람들은 존경받고, 그들의 덕은 더욱 빛을 발하여 자신을 더욱 높은 경지로 '발전(發身)'시킵니다. 저는 기업가들이 자신의 부를 활용하여 사회 문제를 해결하고 새로운 가치를 창출하는 모습을 보며, '재물'이 진정으로 아름다울 수 있다는 것을 깨닫습니다.

이러한 선순환은 리더의 가치관에서 시작됩니다. "윗사람이 인을 좋아하는데 아랫사람이 의를 좋아하지 않는 법이 없다.(未有上好仁 而 下不好義者也)"라는 것입니다.

리더가 인간존중, 공정함, 배려와 같은 '인仁'의 가치를 우선시할 때, 조직 구성원들은 자연스럽게 정의롭고 책임감 있는 '의義'로운 태도를 갖게 됩니다. 그리고 '의를 좋아하는 사회에서는 모든 일이 순조롭게 진행되어 반드시 성공적으로 마무리되며(未有好義 其事不終 者也), 나라의 재물도 공정하게 관리되어 모두 백성을 위해 쓰일 것 (未有府庫財 非其財者也)'입니다. 투명한 경영과 공정한 분배가 이루어지는 사회에서는 불필요한 갈등과 손실이 줄어들어 효율성과 생산성이 극대화되는 것입니다.

결론적으로 『대학』의 이 가르침은 우리에게 재물이 아닌 '덕'이라는 근본 가치를 추구하라고 강력하게 권합니다. 덕을 기반으로 한 생산과 소비, 그리고 리더의 올바른 가치관이 만날 때, 우리는 개인의 풍요를 넘어 진정으로 공정하고 조화로운 사회를 만들어갈 수 있습니다. 당신의 일상 속에서 '덕'을 쌓는 작은 실천이 바로 '생재유대도生財有大道'를 이루는 위대한 첫걸음이 될 것입니다.

나를 향한 질문

– 당신은 당신의 삶이나 속한 공동체에서 '생산은 많게, 소비는 적게, 일은 부지런히, 쓰는 것은 느긋하게'라는 '생재유대도生財有大道'를 얼마나 실천하고 있는가?
– 당신은 재물을 '자신을 발전시키는' 도구로 활용하고 있는가, 아니면 재물 때문에 '자신을 망치는' 길을 가고 있다고 느끼는가?

실천 과제

– 이번 주 동안, 당신의 소비습관을 점검하고 불필요한 낭비를 줄여 '용지자서 用之者舒'를 실천해보자.
– 당신이 어떤 역할을 맡고 있든, "윗사람이 인을 좋아하면 아랫사람이 의를 좋아한다"는 가르침을 마음에 새기고, 당신이 먼저 '인仁'의 가치를 실천하여 주변에 긍정적인 영향력을 미쳐보자.

물질 너머의 가치

康誥曰, 惟命 不于常. 道善則得之, 不善則失之矣.

강고왈, 유명 불우상. 도선즉득지, 불선즉실지의.

楚書曰, 楚國 無以爲寶. 惟善 以爲寶.

초서왈, 초국 무이위보. 유선 이위보.

舅犯曰. 亡人 無以爲寶. 仁親 以爲寶

구범왈. 망인 무이위보. 인친 이위보.

"『서경』「강고」에 이르기를,

'하늘의 명命은 일정하지 않다. 도道에 따라 선하면 그것을 얻고,

선하지 않으면 그것을 잃는다.' 하였다.

『초서楚書』에 이르기를,

'초나라에는 보물이라 할 만한 것이 없다.

오직 선善을 보물로 삼는다.' 하였다.

구범舅犯이 말했다.

'나라를 잃은 자(亡人)는 재물을 보물로 삼지 않는다.

오직 어진 마음으로 친족을 사랑함을 보물로 삼는다.'"

원본 해설

이 장은 '덕본재말德本財末'의 개념을 다시 한 번 강조하며, 국가와 개인의 흥망성쇠가 재물이 아닌 '선善'과 '인仁'이라는 근본적인 덕에 달려 있음을 세 가지 고전 문헌의 인용을 통해 설명한다. 이는 '하늘의 명'이 영원하지 않으며, 오직 덕을 닦고 선을 행할 때만 그것을 유지할 수 있음을 경고한다.

이는 현대사회에서 변화에 대한 유연한 대처, 진정한 가치 추구, 그리고 인간 중심의 윤리적 리더십의 중요성을 심도 있게 다룬다.

康誥曰, 惟命 不于常 강고왈, 유명 불우상 : 명命은 하늘의 명, 즉 국가의 통치권이나 개인의 운명, 지위 등을 의미하고, 불우상不于常은 '항상 머무르지 않는다', 즉 영원하거나 고정된 것이 아니라 끊임없이 변할 수 있다는 의미다. 이는 권력이나 부는 언제든 사라질 수 있음을 경고함이다.

道善則得之 不善則失之矣 도선즉득지 불선즉실지의 : 이 구절은 앞선 '명불우상'의 원인을 설명한다.

하늘의 명이나 통치권은 오직 '선善'을 행할 때만 얻을 수 있으며, 반대로 '불선不善'을 행하면 잃게 된다는 것이다. 이는 행위에 대한 명확한 인과응보의 원리를 제시하며, 도덕적 행위가 국가와 개인의 운명을 결정함을 강조한다.

楚書曰, 楚國 無以爲寶 惟善 以爲寶 초서왈, 초국 무이위보 유선 이위보 : 이것은 초나라의 현명한 통치자가 물질적인 보물(금은보화)보다 '선함(善)'을 가장 귀한 가치이자 진정한 보물로 여겼음을 보여주는 말이다. 국가는 백성에게 선을 행함으로써 안정과 번영을 이룰 수 있다는 의미다.

舅犯曰, 亡人 無以爲寶 仁親 以爲寶 구범왈, 망인 무이위보 인친 이위보 : 구범舅犯은 진문공晉文公의 외숙으로, 진문공이 여러 나라를 떠돌며 망명 생활을 할 때 그를 보좌했던 현명한 인물이다. 망인亡人은 망명하여 모든 것을 잃은 사람을 의미하고, 인친仁親은 '어진 친족' 혹은 '어진 사람과의 친분 관계'를 의미한다.

재물을 모두 잃고 아무것도 남지 않았을 때, 진정으로 의지하고 도울 수 있는 것은 물질이 아니라 '어진 사람'과의 관계, 즉 인덕仁德임을 강조한다. 이는 개인에게 있어 덕과 인간관계가 물질보다 소중한 가치임을 보여준다.

이 세 구절은 모두 '덕(善, 仁親)'이 물질적인 '재물'보다 훨씬 더 근본적이고 중요한 보물이며, 국가나 개인의 존립을 결정하는 핵심 요소임을 강조한다. 이는 앞서 '덕본재말'의 논의를 심화하고 재확인하는 내용이다.

핵심개념은 운명과 권력의 가변성(惟命 不于常), 선악에 따른 흥망성쇠(道善則得之 不善則失之矣), 물질을 초월한 선의 가치(惟善 以爲寶), 그리고 재물보다 소중한 인덕과 관계(仁親 以爲寶)다.

21세기 시선으로 보는 해석

이 구절들은 현대사회에서 '변화에 대한 적응', '본질 가치 추구',

'ESG 경영의 핵심', '인재중심경영', 그리고 '사회적 자본의 중요성'과 깊이 연결된다.

명은 항상 한곳에 머무르지 않는다.

이는 '변화의 시대에 대한 통찰'이다. VUCA(변동성, 불확실성, 복잡성, 모호성) 시대로 불리는 현대사회에서 기업의 흥망성쇠, 개인의 직업 안정성은 결코 영원하지 않다. 끊임없이 변화에 적응하고 혁신하지 않으면 도태될 수밖에 없음을 경고한다. 이는 애자일agile 조직문화, 평생학습, 그리고 변화관리 능력의 중요성을 역설한다.

선을 행하면 얻고, 불선을 행하면 잃는다.

'윤리적 경영과 행동의 책임'을 강조한다. 기업이 환경보호, 사회적 책임, 투명한 지배구조(ESG)를 외면하고 단기적인 이윤만을 추구하면, 결국 소비자들의 외면과 규제 강화라는 결과를 맞게 된다. 개인 또한 비윤리적인 행동을 하면 평판을 잃고 사회적 신뢰를 상실하게 된다. 이는 지속가능한 성장, 윤리적 리더십, 그리고 사회적 책임(CSR)의 핵심원리다.

초나라에는 보물이 없으니 오직 선을 보물로 삼는다.

'무형자산의 가치와 본질 추구'다. 현대 기업에서 가장 중요한 자산은 더 이상 물질적인 공장이나 설비가 아니다. 기업문화, 브랜드 이미지, 기술력, 인재 등 '선함'으로 대변되는 무형의 가치들이 진정한 경쟁력이 된다. 이는 기업의 비전과 가치관, 조직문화의 중요성을 역설한다.

망명한 사람은 어진 친족을 보물로 삼는다.

'인적 네트워크와 사회적 자본의 중요성'을 강조한다. 모든 것을 잃은 절박한 상황에서 진정으로 도움이 되는 것은 돈이 아니라 어려울 때 함께하고 지지해 줄 수 있는 '사람', 즉 어진 관계와 사회적 네트워크다. 이는 인맥관리, 공동체 의식, 그리고 상호 신뢰 기반의 사회적 자본 형성에 대한 통찰을 제공한다. 물질적 부는 한순간에 사라질 수 있지만, 사람의 마음과 관계는 영원히 남는다.

단산의 대학 강의

우리는 흔히 "영원한 것은 없다"고 말합니다. 기업의 성공도, 개인의 명성도, 심지어 강대국의 권력도 언제든 변할 수 있다는 것을 역사는 증명합니다. 『대학』 또한 이 진리를 엄중하게 선언합니다. '하늘의 명은 항상 한 곳에 머무르지 않는다(康誥曰 惟命 不于常)'는 것입니다.

어제의 영광이 오늘의 몰락으로 이어질 수 있고, 오늘의 성공이 내일의 실패로 바뀔 수 있습니다. 이 변화의 시대에 우리가 의지할 수 있는 변치 않는 가치는 무엇일까요?

『대학』은 그 답을 '선을 행하면 얻고, 불선을 행하면 잃는다(道善則 得之 不善則失之矣)'는 간결한 진리에서 찾습니다. 기업이 아무리 뛰어난 기술력을 가지고 있어도, 환경을 파괴하거나 노동자를 착취하는 '불선'을 행하면 결국 소비자들의 외면과 정부의 규제, 나아가 기업 존립의 위기를 맞게 됩니다. 반대로 '선'을 추구하며 사회적 책임을 다할 때 비로소 지속 가능한 성장과 진정한 번영을 이룰 수 있습니다.

저 역시 불의를 보고 침묵했던 순간들이 있었지만, 결국 그 침묵은 저 자신에게 죄책감과 후회로 돌아왔습니다. '선'을 향한 용기 있는 행동만이 진정한 평화와 성장을 가져다줍니다.

그렇다면 우리가 진정으로 귀하게 여겨야 할 보물은 무엇일까요? 『대학』은 『초서』의 말을 인용하여 "초나라에는 보물이 없으니 오직 선善을 보물로 삼는다(楚國, 無以爲寶 惟善 以爲寶)"고 말합니다. 그리고 『구범』의 말로는 "망명한 사람은 보물로 삼을 것이 없으니, 오직 어진 친족을 보물로 삼을 뿐이다.(亡人 無以爲寶 仁親 以爲寶)"라고 합니다.

이 구절들은 물질적인 금은보화가 진정한 보물이 아님을 분명히 합니다. 모든 것을 잃었을 때 우리를 일으켜 세우고, 위기 속에서 버팀목이 되어주는 것은 바로 사람의 '선함'과 '어진 관계'입니다. 한 기업이 아무리 많은 돈을 벌어도 직원들이 불행하고 고객들이 불만을 토로한다면, 그 기업은 진정한 의미의 보물을 가진 것이 아닙니다.

결국 『대학』의 이 가르침은 우리에게 눈앞의 이익이나 물질적 성공에만 매몰되지 말고, '선함'과 '인자함'이라는 근본적인 가치를 추구하라고 강력하게 권합니다. 세상의 모든 '명命'은 변할 수 있지만, 당신이 쌓아 올린 '덕'과 당신이 맺은 '어진 관계'는 결코 변하지 않는 가장 소중한 보물이 될 것입니다. 그리고 그 보물은 당신의 삶을 윤택하게 하고, 나아가 사회 전체를 선하게 변화시키는 강력한 힘이 될 것입니다.

나를 향한 질문

- 당신의 삶에서 '하늘의 명(운명, 상황)'이 '항상 한 곳에 머무르지 않는다'는 것을 경험한 적이 있는가? 그때 어떤 '선한 행동'으로 상황을 극복했는가, 혹은 어떤 '불선한 행동'으로 어려움을 겪었는가?
- 당신은 오늘날 무엇을 '진정한 보물'로 여기고 있는가? 물질적인 것 외에, 당신의 삶에서 '선함'이나 '어진 관계'가 가장 소중하다고 느껴지는 순간은 언제였는가?

실천 과제

- 이번 주 동안, 당신이 어떤 결정을 내릴 때 '단기적인 이익'보다 '선善'이라는 가치를 우선순위에 두는 작은 실천을 해보자. (예: 정직하게 말하기, 환경을 고려한 선택, 누군가에게 작은 도움 주기.)
- 당신의 삶에서 '어진 친족' 혹은 '어진 관계'를 소중히 여기는 마음으로, 그 관계를 더욱 돈독히 할 수 있는 구체적인 행동을 하나 실천해보자. (예: 진심을 담은 감사 메시지, 함께하는 시간 만들기, 작은 선물.)

CHAPTER 8

나라를 움직이는 힘

인재를 아끼고 포용하는 리더의 자세

秦誓曰, 若有一臣, 斷斷兮, 無他技 其心休休焉 其如有容焉.

진서왈, 약유일신, 단단혜, 무타기 기심휴휴언 기여유용언.

人之有技 若己有之, 人之彦聖 其心好之,

인지유기 약기유지, 인지언성 기심호지,

不啻若自其口出, 寔能容之 以能保我子孫黎民 尙亦有利哉.

불시약자기구출, 식능용지 이능보아자손여민 상역유리재.

人之有技 媚疾以惡之 人之彦聖 而違之 俾不通.

인지유기 모질이오지, 인지언성 이위지 비불통.

寔不能容, 以不能保我子孫黎民 亦曰殆哉.

식불능용, 이불능보아자손여민 역왈태재.

"진서에 이르기를, "만약 한 신하가 있다면 그는 단호하고 굳세되,

특별한 기술은 없어도 마음이 평온하고 넓어

포용력이 있는 사람이어야 한다.

다른 사람이 재능을 가지면 마치 자신의 재능인 듯 기뻐하고,

다른 사람이 어질고 성스러우면 그것을 진심으로 좋아하며,

마치 자기 입에서 나온 듯 즐거워할 수 있어야 한다.

진실로 남의 장점을 포용할 줄 아는 자라면

우리 자손과 백성을 지킬 수 있을 것이다.

그러나 남의 재능을 시기하고 미워하며,

남의 어짐과 지혜를 멀리하고 교류를 끊는 자는

참으로 포용할 줄 모르는 자이니,

그런 사람은 자손과 백성을 지킬 수 없을 것이다."

원문 해설

이 장은 '치국평천하 治國平天下'에 있어 인재를 아끼고 포용하는 리더의 자세가 얼마나 중요한지를 『진서』의 구절을 인용하여 설명한다. 특히, 타인의 재능을 대하는 두 가지 상반된 태도가 가져올 결과를 극명하게 대비시킨다.

현대사회에서 리더의 포용력, 인재관리, 그리고 시기심을 극복하는 자세의 중요성을 심도 있게 다루고 있다.

秦誓曰, 若有一个臣 斷斷兮 無他技 其心 休休焉 其如有容焉 진서왈, 약유일신 단단혜 무타기 기심 휴휴언 기여유용언 : 단단혜斷斷兮는 '굳건하고 확고한 마음'을 의미한다. 이는 다른 뛰어난 재주는 없더라도, 중심을 잡고 올바른 가치관을 가진 신하를 말한다.

'휴휴언 休休焉'은 '너그럽고 관대한 마음'을 의미하고, '기여유용언 其如有容焉'은 '포용하는 바가 있는 것 같다'는 것으로, 타인의 장점을 받아들이는 도량을 가진 신하의 모습을 묘사한다.

人之有技 若己有之, 人之彦聖 其心好之, 不啻若自其口出, 寔能容之

以能保我子孫黎民 尙亦有利哉. 인지유기 약기유지, 인지언성 기심호지. 불시약자 기구출, 식능용지 이능보아자손여민 상역유리재 : '인지유기 약기유지 人之有技 若 己有之'는 타인의 기술이나 재능을 자기 것인 양 아끼고 귀하게 여기 는 태도다. 시샘 없이 타인의 장점을 인정하는 마음을 보여준다.

'인지언성 기심호지 불시약자기구출 人之彦聖 其心好之 不啻若自其口 出'은 타인의 어질고 성스러운 면모를 마음으로 좋아하고, 그 칭찬 이 마치 자기 입에서 나온 것처럼 솔직하게 표현하는 것이다. 진심 으로 타인의 탁월함을 인정하고 칭송하는 태도를 말한다.

寔能容之 식능용지: "진실로 능히 그들을 용납한다"는 것은, 이러한 열린 마음으로 훌륭한 인재들을 포용하고 함께 일할 수 있는 도량 을 의미한다.

이러한 신하가 있을 때, '이능보아자손여민 以能保我子孫黎民', 즉 통 치자의 자손과 백성을 보존하고 안전하게 할 수 있으며, 이는 나라 에 '유리有利'하다는 긍정적인 결과를 제시한다.

人之有技 娼疾以惡之, 人之彦聖 而違之 俾不通. 寔不能容, 以不能保 我子孫黎民 亦曰殆哉 인지유기 모질이오지, 인지언성 이위지 비불통. 식불능용, 이불 능보아자손여민 역왈태재 : '모질이악지 娼疾以惡之'는 '시샘하고 미워한다' 는 부정적인 태도다. 타인의 재능을 보면 시기심을 느끼고 싫어하 는 마음을 갖는 것이다. '식불능욕 寔不能容'은 '진실로 능히 용납하 지 못한다'는 것으로, 편협하고 시기심에 사로잡혀 인재를 배척하 는 태도를 말한다. 이러한 신하가 있다면, '이불능보아자손여민 以不 能保我子孫黎民', 즉 자손과 백성을 보존하지 못할 것이며, 결국 나라

가 '위태로워진다(殆哉)'는 부정적인 결과를 경고한다.

핵심개념은 리더의 인재 포용력(有容焉), 타인의 장점을 인정하고 기뻐하는 마음(若己有之, 其心好之), 시기심과 배척의 위험성(媚疾以惡之, 俾不通), 그리고 이 두 가지 상반된 태도가 국가와 백성의 흥망성쇠에 미치는 결정적인 영향이다. 이는 '치국평천하'의 핵심이 결국 인재관리와 포용적인 리더십에 있음을 보여준다.

21세기 시선으로 보는 해석

이 구절은 현대사회에서 '인재경영', '다양성과 포용성(D&I)', '협력문화', '리더의 EQ', 그리고 '조직 내 시너지 효과'와 깊이 연결되는 매우 중요한 통찰을 제공한다.

타인의 재주를 마치 자기 재주인 듯 여기고, 다른 사람의 훌륭함을 그 마음으로 좋아하되 마치 자기 입에서 나온 듯 감추지 않는다.

'협업 정신과 동반 성장'을 말하고 있다. 현대 조직은 개개인의 역량도 중요하지만, 서로의 강점을 인정하고 시너지를 만들어내는 팀워크가 더욱 중요하다. 동료의 성공을 나의 성공처럼 여기고, 진심으로 축하하며 칭찬하는 문화는 혁신과 성장을 이끄는 핵심 동력이 된다. 이는 긍정심리학, 협력적 경쟁, 그리고 개방적인 소통문화와 직결된다.

진실로 능히 (그들을) 용납한다.

다양성과 포용성(D&I)의 중요성을 말한다. 다양한 배경, 역량, 관점을 가진 인재들을 기꺼이 받아들이고 그들의 강점을 최대한 발휘할 수 있는 환경을 조성하는 것이 현대 조직의 경쟁력이다. 리더의 포용력은 조직의 창의성과 회복탄력성을 높인다. 이는 조직 내 다양성 존중, 포용적 리더십, 그리고 갈등관리 능력으로 이어진다.

다른 사람의 재주를 시기하고 미워하며, 훌륭함을 거스르고 통하지 못하게 막는다.

'조직 내 시기심과 방해 공작의 폐해'에 대해 경고한다. 동료의 성공을 질투하거나, 뛰어난 인재를 배척하는 문화는 조직의 활력을 떨어뜨리고, 내부 갈등을 유발하며, 결국 조직 전체의 성과를 저해한다. 이는 팀워크 저해, 인재 유출, 그리고 조직의 비효율성으로 이어진다.

결론적으로 이 구절은 리더의 '포용하는 마음'과 '인재를 아끼는 태도'가 결국 조직과 사회의 흥망성쇠를 결정한다는 강력한 메시지를 던진다. 유능한 인재를 포용하고 그들의 역량을 최대한 활용할 때만이 지속가능한 성장과 번영을 이룰 수 있으며, 이는 진정한 '치국평천하'의 핵심 원리이다.

단산의 대학 강의

우리는 모두 각자 다른 재능과 장점을 가지고 있습니다. 어떤 사람은 뛰어난 분석력을, 어떤 사람은 탁월한 소통 능력을, 또 어떤 사람은 기발한 창의력을 지니고 있죠. 그런데 우리는 종종 다른 사람의 뛰어난 점을 보면 부러워하거나, 심지어 시기심을 느끼곤 합니다. 하지만『대학』은 이러한 감정에 대해 깊이 성찰하게 합니다.

『진서』의 구절을 통해 '리더의 포용력'이 한 개인의 삶을 넘어 국가의 운명까지 좌우할 수 있음을 역설합니다. 즉 "비록 다른 특별한 재주가 없어도 '확고한' 마음으로 '너그럽게 포용하는' 신하가 있다면, 그 신하가 진정으로 중요한 인물이다.(若有一个臣 斷斷兮 無他技 其心休休焉 其如有容焉)"라고 말합니다.

왜 그럴까요? 그 답은 바로 "人之有技 若己有之 人之彦聖 其心好之 不啻若自其口出 寔能容之. 인지유기 약기유지 인지언성 기심호지 불시약자기 구출 식능용지"라는 구절에 있습니다. '다른 사람의 재주를 마치 자신의 재주인 양 아끼고, 훌륭한 인재를 보면 진심으로 좋아하며 칭찬하는 마음, 그리고 그들을 기꺼이 받아들여 함께 일할 수 있는 포용력을 갖춘 사람'. 이러한 리더가 있을 때 비로소 "우리 자손과 백성을 보존하고 나라를 이롭게 할 수 있다(能保我子孫黎民 尚亦有利哉)"는 것입니다.

저는 팀 프로젝트를 할 때마다, 저보다 뛰어난 재능을 가진 팀원들의 강점을 진심으로 인정하고 그들의 의견을 적극적으로 수용했을 때 훨씬 더 좋은 결과물을 얻었던 경험이 있습니다. 시기심을 버리고 서로의 장점을 존중하는 문화가 얼마나 중요한지 그때마다 깨닫습니다.

하지만 반대의 경우를『대학』은 더욱 엄중하게 경고합니다.

"다른 사람의 재주를 시기하고 미워하며, 훌륭한 인재를 거스르고 그들이 능력을 발휘하지 못하도록 막는다면(人之有技 媢疾以惡之 人之彦聖 而違之 俾不通 寔不能容), 자손과 백성을 보존하지 못하고 위태로워진다.(不能保我子孫黎民 亦曰殆哉)"라고 말합니다.

조직 내에서 동료의 성공을 질투하고, 뛰어난 인재의 의견을 묵살하며, 자신의 권력을 지키기 위해 유능한 사람들을 배척하는 리더는 결국 조직 전체의 활력을 떨어뜨리고, 심지어는 조직을 붕괴시키는 결과를 초래하게 됩니다. 이는 개인의 편협한 마음이 공동체 전체에 얼마나 치명적인 독이 되는지를 보여줍니다.

결론적으로『대학』의 이 가르침은 우리에게 당신이 어떤 위치에 있든, 타인의 재능과 장점을 진심으로 인정하고 포용하는 자세를 가지라고 강력하게 권합니다. 시기심과 편협함을 버리고, 모든 사람의 강점을 소중히 여길 때 비로소 우리 사회는 더욱 풍요로워지고, 진정한 의미의 '치국평천하'를 이룰 수 있을 것입니다.

나를 향한 질문

- 당신은 타인의 뛰어난 재능이나 성공을 보았을 때, '마치 자기 재주인 듯 기뻐하고' 진심으로 '칭찬하는(不啻若自其口出)' 마음을 얼마나 가지고 있는가? 아니면 '시기하고 미워하는(媢疾以惡之)'

마음이 더 큰가?

– 당신이 속한 조직이나 관계에서, 혹시 누군가의 재능이나 훌륭함을 '통하지 못하게 막고(俾不通)' 있는 모습은 없는가?

실천 과제

– 이번 주 동안, 당신이 함께 일하는 동료나 주변 사람 중 한 명을 선정하여, 그들의 뛰어난 '재주'나 '훌륭한 면모'를 구체적으로 발견하고 진심을 담아 칭찬해보자.

– 당신의 팀이나 조직에서 새로운 아이디어나 혁신적인 제안이 나왔을 때, 그것이 당신의 기존 생각과 다르더라도 '포용하는 마음(容)'으로 경청하고 긍정적인 면을 찾아보려는 노력을 해보자.

인자한 리더의 지혜,
사랑과 미움의 공정한 분별

❖

唯仁人 爲能愛人, 能惡人.

유인인 위능애인, 능오인.

唯仁人 放流之 迸諸四夷, 不與同中國. 此謂唯仁人 爲能愛人, 能惡人.

유인인 방류지 병저사이, 불여동중국. 차위유인인 위능애인, 능오인.

見賢而不能擧 擧而不能先 命也.

견현이불능거 거이불능선 명야.

見不善而不能退, 退而不能遠 過也.

견불선이불능퇴, 퇴이불능원 과야.

好人之所惡, 惡人之所好 是謂拂人之性. 菑必逮夫身.

호인지소오, 오인지소호 시위불인지성. 재필체부신.

是故 君子有大道 必忠信以得之, 驕泰以失之.

시고 군자유대도 필충신이득지, 교태이실지.

"오직 어진 사람(仁人)만이 남을 사랑할 수 있고, 남을 미워할 수 있다.

오직 어진 사람만이, (악한 자를) 내쫓아 사방 오랑캐의 땅으로 흩어버리고,

중화(中國)와 함께 살지 못하게 한다.

이것을 일러 말하되,

오직 어진 사람만이 능히 남을 사랑할 수 있고,

남을 미워할 수 있다고 한다.

현명한 사람을 보아도 천거하지 못하고,

천거하더라도 앞서서 쓰지 못하는 것은 하늘의 명(命)이다.

불선을 보아도 물러나지 못하고,

물러나더라도 멀리하지 못하는 것은 허물이다.

어진 사람이 미워하는 것을 좋아하고,

악한 사람이 좋아하는 것을 미워하는 것은

사람의 도리를 거스르는 일이다.

그런 사람에게는 반드시 재앙이 미치게 된다.

그러므로 군자가 따르는 큰 도는

반드시 충성과 신의로써 얻을 수 있고,

교만하고 제멋대로 하면 잃게 된다."

원문 해설

이 장은 '인仁'의 본질과 그것이 리더십에 미치는 영향을 설명하며 특히, 인자한 사람만이 진정으로 사람을 사랑하고 미워할 수 있음을 강조한다. 또한 리더가 인재를 등용하고 불선한 자를 배척하는 데 있어 필요한 자세를 제시하면서 현대사회에서 리더의 공정성, 인재 등용의 중요성, 비윤리적 행동에 대한 단호함, 그리고 겸손과 성실의 미덕을 심도 있게 다룬다.

唯仁人 爲能愛人 能惡人 유인인 위능애인 능오인 : 애인愛人은 모든 사람

을 보편적으로 사랑하고 포용하는 인자한 마음을 의미하고, 오인惡
人은 사람 그 자체를 미워하는 것이 아니라, 악한 행위나 악한 마음
을 미워하는 것을 의미한다.

인자한 사람은 그 마음이 지극히 공정하고 사심이 없으므로, 선
과 악을 명확히 분별하여 선한 사람은 사랑하고 악한 행위는 미워
할 수 있다는 것이다. 개인적인 감정이나 이해관계에 얽매이지 않
고 공정하게 판단하는 능력을 의미한다.

唯仁人 放流之 迸諸四夷 不與同中國 此謂唯仁人 爲能愛人 能惡人 유
인인 방류지 병저사이 불여동중국 차위유인인 위능애인 능오인 : 여기서는 '오인惡人'
을 구체적으로 '간사한 자들', 즉 사회에 해악을 끼치는 자들로 지
칭한다. 인자한 리더는 개인적인 원한 때문이 아니라 공동체의 선善
을 위해 악한 자들을 단호히 제거하고 배척할 수 있는 용기를 가졌
음을 보여준다. 이러한 공정하고 단호한 분별이 진정한 사랑과 미
움의 발현이라는 것이다.

見賢而不能擧 擧而不能先 命也 견현이불능거 거이불능선 명야 : '현賢'은
어질고 유능한 인재를 의미한다. 리더가 훌륭한 인재를 알아보는
안목이 없거나, 알아보더라도 그들을 등용할 용기가 없거나, 등용
하더라도 중요한 자리에 '먼저(先)' 내세우지 못한다면, 이는 리더
의 운명(命) 혹은 게으름(怠)으로 인한 실패라고 본다. (『집주』에서는 '명
命'을 '태怠'로 보는 견해도 있음.) 이는 인재등용의 적시성과 중요성을 강조
한다.

見不善而不能退 退而不能遠 過也 견불선이불능퇴 퇴이불능원 과야 : '불선
不善'은 악한 행위나 악한 사람을 의미한다. 리더가 불의를 보고도
단호하게 '물리치지(退)' 못하거나, 물리치더라도 그들을 '멀리(遠)'

추방하여 다시 해악을 끼치지 못하게 하지 못한다면, 이는 리더의 명백한 '허물(過)'이자 실책이라고 본다. 악을 방치하거나 미온적으로 대처하는 것은 리더의 책임이다.

好人之所惡 惡人之所好 是謂拂人之性 菑必逮夫身 호인지소오 오인지소호 시위불인지성 재필체부신 : 이는 앞선 '백성이 좋아하는 것은 함께 좋아해 주고, 백성이 미워하는 것은 함께 미워해야 한다.'와 연결되는 내용이다. 백성(사람들)이 보편적으로 선하다고 여기는 것을 싫어하고, 악하다고 여기는 것을 좋아하는 리더는 인간 본연의 선한 성품(人性)을 '거스르는(拂)' 것이다. 이러한 행위는 결국 백성의 마음을 잃게 되고, 그로 인한 '재앙(菑: 재앙 재)'이 반드시 그 리더 자신에게 미칠 것이라고 강력히 경고한다. 이는 인과응보의 원리가 개인의 운명에까지 미침을 보여준다.

是故 君子有大道 必忠信以得之 驕泰以失之 시고 군자유대도 필충신이득지 교태이실지 : 대도大道는 군자가 추구하는 가장 올바르고 보편적인 통치 원리, 즉 '치국평천하'의 길을 의미한다. 이 대도를 얻는 방법은 '충성스럽고(忠) 믿음이 있는(信)' 태도에 있다. 이는 진실성, 성실함, 그리고 타인과의 신뢰를 중시하는 덕목이다.

반대로 이 대도를 잃는 방법은 '교만하고(驕) 태만한(泰)' 태도에 있다. 교만은 타인의 말을 듣지 않고 스스로를 과신하게 만들고, 태만은 노력을 게을리 하여 현실에 안주하게 만든다.

이는 리더의 겸손과 성실이 성공의 필수 요건이고, 교만과 태만은 실패의 지름길임을 최종적으로 강조한다.

핵심개념은 인자한 사람의 공정한 분별력, 인재등용과 악인 배척의 리더십 책임, 인성을 거스르는 행위의 필연적 재앙, 그리고 군자가 대도를 얻고 잃는 근본 원인이다. 이는 리더의 도덕적 품성이 국가의 흥망성쇠에 결정적인 영향을 미침을 보여준다.

21세기 시선으로 보는 해석

이 구절들은 현대사회에서 '리더의 윤리성', '인재확보 및 관리', '조직 내 문제해결', '기업문화 형성', 그리고 '지속가능한 리더십'과 깊이 연결되는 매우 중요한 통찰을 제공한다.

오직 인자한 사람만이 사람을 사랑할 수 있고, 사람을 미워할 수 있다.
이 구절은 '리더의 공정하고 단호한 의사결정 능력'을 의미한다. 사적인 감정이나 인맥에 얽매이지 않고, 오직 조직과 공동체의 이익을 위해 선과 악을 명확히 구분하여 인재를 등용하고 부적절한 인물을 배제하는 리더가 진정으로 신뢰받는다. 이는 '성과 중심의 공정한 평가', '인사원칙의 준수', 그리고 '내부비리 척결 의지'와 직결된다.

오직 어진 사람만이, (악한 자를) 내쫓아 사방 오랑캐의 땅으로 흩어버리고, 중화(中國)와 함께 살지 못하게 한다. 이것을 일러 말하되, 오직 어진 사람만이 능히 사람을 사랑할 수 있고, 능히 사람을 미워할 수 있다고 한다.
'인재 경영의 중요성'을 강조하는 구절이다.
현대 기업의 가장 큰 자산은 사람이다. 유능한 인재를 알아보는 안목(見賢), 과감하게 핵심 직책에 등용하는 용기(能擧), 그리고 그들에게 먼저 기회를 주는 과감성(能先)은 리더의 필수 역량이다.

반대로 무능력한 인재를 방치하거나(不能退), 비윤리적인 직원을 멀리하지 못하는(不能遠) 것은 조직의 성장을 저해하고 신뢰를 무너뜨리는 큰 '허물'이 된다. 이는 '성과 관리, 리더십 파이프라인 구축, 그리고 조직 활성화'와 연결된다.

사람들이 싫어하는 것을 좋아하고, 사람들이 좋아하는 것을 싫어하는 것은 인성을 거스르는 것이니 재앙이 몸에 미칠 것이다.

'고객/구성원 중심주의와 대중과의 소통'을 역설하는 구절이다. 기업이 소비자가 싫어하는 비윤리적 생산 방식이나, 직원들이 반대하는 비합리적인 조직문화를 고집한다면 결국 대중의 외면과 내부 갈등으로 인한 '재앙'을 맞게 된다. 이는 '시장과 소비자의 목소리 경청', '직원 만족도 관리', 그리고 '사회적 가치 추구'의 중요성을 강조한다.

군자는 큰 도를 충성스럽고 믿음으로써 얻고, 교만하고 태만함으로써 잃는다.

이 구절은 '리더의 겸손과 성실, 그리고 지속적인 자기계발'을 강조한다. 아무리 성공한 리더라도 교만해지면 타인의 조언을 듣지 않고, 태만해지면 현실에 안주하여 변화에 뒤처진다. '충성(忠)'은 진정성과 열정을, '믿음(信)'은 신뢰와 일관성을 의미하며, 이것이 리더십을 지속 가능하게 하는 근본이다. 이는 '겸손한 리더십', '평생학습', 그리고 '위기 속에서의 원칙 준수'와 연결된다.

단산의 대학 강의

우리는 흔히 "사랑할 때 사랑하고, 미워할 때 미워하라"는 말을 합니다. 하지만 진정으로 이 말을 실천하는 것은 쉽지 않습니다. 때로는 개인적인 감정에 휩쓸려 사랑해야 할 사람을 미워하고, 미워해야 할 대상을 외면하기도 합니다. 『대학』은 바로 이 지점에서 "오직 인자한 사람만이 사람을 사랑할 수 있고, 사람을 미워할 수 있다.(唯仁人 爲能愛人 能惡人)"라는 심오한 통찰을 제시합니다.

인자한 사람은 사사로운 감정에 얽매이지 않고, 오직 공동체의 선善을 기준으로 삼아 사랑할 대상을 사랑하고, 악한 행위를 단호하게 미워할 수 있는 공정한 분별력을 가집니다. 그래서 인자한 리더는 사회에 해악을 끼치는 간사한 자들을 단호히 '내쫓아 멀리(放流之 迸諸四夷)'함으로써, 진정으로 백성들을 사랑하는 모습을 보여줍니다.
이러한 인자함은 인재를 등용하고 불선한 자를 배척하는 리더의 책임감으로 이어집니다.

"유능한 인재를 보고도 과감히 등용하지 못하거나, 등용하더라도 그들에게 먼저 기회를 주지 못하는 것은 리더의 '운명적 한계(命)'이거나 '게으름(怠)' 때문이고.(見賢而不能擧 擧而不能先 命也)", 반대로 "불의나 부도덕한 행동을 보고도 단호히 물리치지 못하거나, 물리치더라도 그들을 멀리하여 다시는 해악을 끼치지 못하게 하지 못한다면, 그것은 리더의 명백한 '허물'(見不善而不能退 退而不能遠 過也)"이라고 말합니다. 한 기업의 흥망성쇠는 결국 리더가 어떤 인재를 등용하고 어떤 부정부패를 척결하는지에 달려 있다는 것을 수많은 사례가 증명합니다.

더 나아가 『대학』은 "사람들이 싫어하는 것을 좋아하고, 사람들이 좋아하는 것을 싫어하는 것은 인성人性을 거스르는 것이니, 재앙이 반드시 그 몸에 미칠 것이다.(好人之所惡 惡人之所好 是謂拂人之性 菑必逮夫身)"라고 준엄하게 경고합니다. 고객들이 싫어하는 비윤리적 제품을 계속 생산하거나, 직원들이 반대하는 비합리적인 정책을 고집하는 리더는 결국 시장과 직원의 외면이라는 '재앙'을 피할 수 없을 것입니다. 이는 대중의 보편적인 가치와 정서를 외면하는 리더십은 결코 지속될 수 없다는 진리를 담고 있습니다.

이 모든 논의는 결국 "군자가 추구하는 '큰 도(大道)', 다시 말해 진정한 리더십과 지속가능한 성장은 '충성스럽고 믿음이 있는(忠信)' 태도(是故君子有大道 必忠信以得之)"에 있다는 결론으로 귀결됩니다. 즉 진실된 마음으로 공동체에 헌신하고, 신뢰를 바탕으로 사람들을 이끄는 리더만이 '대도'를 얻을 수 있습니다.

반대로 '교만하고 태만한(驕泰)' 태도는 모든 것을 잃게 만듭니다.(驕泰以失之) 아무리 뛰어난 리더라도 겸손함을 잃고 현실에 안주한다면, 결국 시대의 변화에 뒤처져 몰락할 수밖에 없습니다.

『대학』의 이 가르침은 우리에게 당신이 어떤 위치에 있든, 내면의 '인자함'을 바탕으로 공정하게 선악을 분별하고, 유능한 인재를 포용하며, 불의에 단호하게 맞서고, 늘 겸손하고 성실한 자세를 유지할 때 비로소 진정한 리더십을 발휘하고 당신의 삶을 '대도' 위에서 평화롭게 유지할 수 있음을 일깨워줍니다.

나를 향한 질문

– 당신은 당신이 속한 조직이나 관계에서 '인자한 사람만이 사람을 사랑하고 미워할 수 있다'는 원칙을 얼마나 실천하고 있다고 생각하는가? (예: 특정 인물에 대한 사적인 감정 없이 공정하게 업무를 평가하는가?)
– 당신은 최근 '어떤 어진 이를 등용하지 못했거나(見賢而不能擧)', 혹은 '어떤 불선한 것을 물리치지 못하여(見不善而不能退)' '허물(過)'을 저지른 적이 있는가?
– 당신이 어떤 역할을 맡고 있든, '교만하고 태만한' 자세를 경계하고 '충성스럽고 믿음이 있는' 자세를 유지하기 위해 어떤 노력을 할 것인가?

실천 과제

– 이번 주 동안, 당신이 리더의 위치에 있다면, 팀 내에서 '뛰어난 인재'를 적극적으로 발굴하고 그들에게 새로운 기회를 '먼저(先)' 제공하는 방안을 모색해보자.
– 당신이 불의하다고 느끼는 상황을 목격했을 때, 그것을 단순히 외면하거나 피하지 않고 '멀리 물리치는(退而能遠)' 용기 있는 작은 행동을 실천해보자. (예: 부당한 요구에 거절 의사 밝히기, 부적절한 언행에 대해 정중히 지적하기)

민심과 덕德의 연쇄 효과

詩云, 殷之未喪師 克配上帝 儀監于殷, 峻命不易.

시운, 은지미상사 극배상제 의감우은, 준명불이.

道得衆則得國, 失衆則失國.

도득중즉득국, 실중즉실국.

是故 君子先愼乎德. 有德此有人, 有人此有土, 有土此有財, 有財此有用.

시고 군자선신호덕. 유덕차유인, 유인차유토, 유토차유재, 유재차유용.

"『시경』에 이르기를,

'은나라가 아직 군대를 잃지 않았을 때에는

하늘의 뜻을 잘 따를 수 있었으나,

주나라가 그것을 거울로 삼았고,

하늘의 엄한 명은 바뀌지 않는다.

덕(道)으로 백성을 얻으면 나라를 다스릴 수 있고,

백성을 잃으면 나라를 다스릴 수 없다.

그러므로 군자는 먼저 덕을 조심하고 닦는다.

덕이 있으면 사람들이 따르고,

사람들이 모이면 땅이 안정되고,

땅이 안정되면 재물이 생기며,

재물이 갖춰지면 그것을 활용할 수 있다.”

원문 해설

이 구절들은 '천하를 평화롭게 다스리는(平天下)' 궁극적인 길이 무엇인지를 역사적 사례와 논리적 연쇄를 통해 설명한다. 이는 현대사회에서 리더의 도덕성, 인재의 중요성, 그리고 지속 가능한 성장의 본질을 제시한다.

詩云 殷之未喪師 克配上帝 시운, 은지미상사 극배상제 : '상사喪師'는 '백성을 잃는다'는 의미다. 은나라가 통치력을 잃고 멸망하기 전에는, 즉 백성을 잘 다스리고 있을 때에는 그 덕이 지극하여 능히 '상제上帝'의 뜻에 부합하고 하늘의 명을 받을 만했다는 뜻이다.

이는 백성의 지지가 곧 하늘의 뜻임을 시사한다.

儀監于殷 峻命不易 의감우은 준명불이 : 주나라가 은나라의 멸망을 거울삼아 교훈을 얻었듯이, 하늘의 '큰 명(峻命)'은 쉽게 유지되는 것이 아니라는 경고다.

이는 통치자가 항상 백성을 살피고 덕을 닦지 않으면 언제든 하늘의 명을 잃을 수 있음을 의미한다.

道得衆則得國 失衆則失國 도득중즉득국 실중즉실국 : 위 「시경」 구절의 의미를 명확히 해석한 것으로, 민심을 얻는 것이 곧 국가의 흥망성쇠를 결정하는 핵심 요인임을 명료하게 제시한다. 아무리 강력한 권력이나 풍요로운 재물을 가졌더라도 백성의 마음을 잃으면 결국 모든 것을 잃게 된다는 진리다.

是故 君子先慎乎德 시고 군자선신호덕 : 나라를 다스리고 평화롭게 하기 위해서는 무엇보다 리더가 자신의 덕을 쌓고 삼가는 것이 가장

우선되어야 함을 강조한다. 덕은 모든 것의 근본이기 때문이다.

有德此有人 유덕차유인 : 리더가 덕을 갖출 때 비로소 유능한 인재들이 모여들고 백성들이 따르게 된다. 덕은 인재를 모으는 힘이다.

有人此有土 유인차유토 : 사람(백성, 인재)이 모여야 그들이 살아갈 터전이 생기고, 나라의 영토가 유지된다. 사람이 없는 땅은 의미가 없다.

有土此有財 유토차유재 : 땅이 있어야 그 위에서 농사를 짓거나 산업을 발전시켜 재물을 생산할 수 있다.

有財此有用 유재차유용 : 재물이 있어야 비로소 백성을 위한 정책을 펼치고, 사회에 유용하게 쓸 수 있다.

이러한 '유덕-유인-유토-유재-유용'의 연쇄는 덕이 모든 것의 근원이며, 재물은 그 최종적인 결과이자 도구일 뿐임을 보여준다. 덕이 없이는 그 어떤 것도 지속적으로 유지되거나 올바르게 사용될 수 없다는 논리다.

핵심개념은 민심의 절대적인 중요성, 지도자의 덕이 모든 것의 근본임, 그리고 덕이 인재, 땅, 재물, 그리고 유용성으로 이어지는 연쇄적인 관계다. 이는 진정한 '치국평천하'가 물질적 통치가 아닌 도덕적 리더십에서 시작됨을 역설한다.

21세기 시선으로 보는 해석

이 구절은 현대사회에서 '인재 경영의 중요성', '지속가능한 성장', 'ESG 경영', '리더의 윤리적 책임', 그리고 '본질 가치 추구'와 깊이 연결된다.

백성을 얻으면 나라를 얻고, 백성을 잃으면 나라를 잃는다.

이 구절은 '고객/구성원 중심주의의 핵심'이다. 기업의 성공은 결국 고객의 선택에 달려 있고, 조직의 성공은 구성원들의 충성도와 몰입에 달려 있다. 고객의 니즈를 무시하거나 직원의 만족도를 외면하는 기업은 결국 시장에서 도태될 수밖에 없다. 이는 고객만족 경영, 직원 경험(EX) 관리, 그리고 소비자 주권의 중요성을 강조한다.

군자는 먼저 덕을 삼가야 한다.

'리더의 윤리적 리더십과 진정성'을 역설하는 구절이다. 복잡한 현대사회에서 리더는 단순히 능력만으로 평가받지 않는다. 그들이 얼마나 도덕적이고 윤리적인지, 진정성 있는 태도를 보이는지가 그 리더십의 수명과 영향력을 결정한다. 이는 ESG(환경, 사회, 지배구조) 경영의 'G(지배구조)'와 'S(사회)' 측면, 그리고 기업의 사회적 책임(CSR)과 직결된다.

'가치사슬 덕의 순환'을 보여준다.

덕을 갖춘 리더에게 유능한 인재들이 모여드는 것은 현대 기업의 인재 확보 전략과 일맥상통한다. 좋은 기업 문화와 리더십을 갖춘 기업은 인재들이 스스로 찾아온다.

사람이 있어야 기업의 활동 영역이 넓어지고 시장 점유율을 확

대할 수 있다. 인재가 핵심 자산인 지식기반 사회에서는 더욱 그러
한다.

- **有土此有財** 유토차유재 : 활동 영역과 고객 기반이 넓어질수록 자
  연스럽게 매출과 이익이라는 재물이 창출된다.
- **有財此有用** 유재차유용 : 재물은 단순히 축적하는 것이 아니라, 사
  회에 기여하고 새로운 가치를 창출하는 데 '유용하게' 쓰여야
  한다. 기업의 이윤이 재투자되어 사회적 가치를 만들고, 다시
  덕을 쌓는 선순환 구조를 만들어야 한다. 이는 지속가능한 경
  영, 사회공헌 활동, 그리고 기업의 선한 영향력과 연결된다.

단산의 대학 강의

우리는 흔히 기업의 성공을 재물(財)이나 땅(土), 즉 매출액, 자산규
모, 시장점유율로 측정하곤 한다. 하지만 『대학』은 그 모든 것의 근
본이 무엇인지, 그리고 무엇이 진정한 지속 가능한 성장인지를 이
야기한다. '백성을 얻으면 나라를 얻고, 백성을 잃으면 나라를 잃는
다.(道得衆則得國 失衆則失國)'는 이 구절은, 시대를 초월하여 모든 리더
와 조직에게 던지는 가장 강력한 경고이자 지혜입니다.

아무리 강력한 권력을 가진 군주라도 백성의 마음을 잃으면 결
국 모든 것을 잃듯이, 아무리 큰 기업이라도 고객의 신뢰와 직원의
충성도를 잃으면 결국 존립할 수 없다는 것입니다.

그렇다면 어떻게 백성을, 즉 고객과 직원을 얻을 수 있을까요?

『대학』은 그 답을 '그러므로 군자는 먼저 덕을 삼가야 한다(是故 君子
先愼乎德)'는 구절에서 찾습니다. 모든 것의 시작은 리더의 '덕德'이라
는 것입니다. 단순히 능력이 뛰어나거나 돈이 많은 것을 넘어, 진정
으로 사람을 존중하고, 윤리적이며, 공동체의 이익을 생각하는 덕을
갖출 때 비로소 진정한 리더십이 발현됩니다.

저는 한때 뛰어난 사업수완으로 빠르게 성장했던 회사를 보았지
만, 리더의 비윤리적인 경영 방식이 드러나자마자 고객과 직원이
모두 떠나 결국 문을 닫았던 사례를 알고 있습니다.

『대학』은 이 '덕'의 힘이 어떻게 연쇄적으로 작용하는지를 명쾌하
게 설명합니다. "유덕차유인 有德此有人", 덕을 갖춘 리더에게는 유능
한 인재들이 모여듭니다. 좋은 기업문화를 가진 곳에 뛰어난 개발
자들이 몰리는 것처럼 말이죠.

사람이 모여야 기업의 시장이 확장되고, 브랜드 영향력이 넓어집
니다.(有人此有土) 넓어진 시장과 고객 기반 위에서 비로소 안정적인
수익과 재물이 창출됩니다.(有土此有財) 그리고 마지막으로, 재물은
단순히 쌓아두는 것이 아니라 직원복지 향상, 사회공헌, 기술투자
등 공동체와 사회에 '유용하게' 쓰여야 한다는 것입니다.(有財此有用)

이러한 '덕-인-토-재-용'의 순환은 현대 기업의 지속가능한 경
영 모델과도 일치합니다. 단기적인 이윤 추구만을 목표로 하지 않
고, 리더의 윤리적 덕목을 바탕으로 인재를 양성하고, 시장을 개척
하며, 창출된 이윤을 다시 사회적 가치로 환원하는 기업만이 진정
으로 성장하고 존경받을 수 있습니다.

결국 『대학』의 이 가르침은 우리에게 물질적 풍요가 아닌 '덕'이라는 본질적인 가치에 집중하라고 말합니다. 덕을 쌓고 사람을 얻을 때, 모든 것이 자연스럽게 따라오며, 비로소 진정으로 '유용하게' 쓰일 수 있는 선순환 구조가 만들어질 것입니다. 당신이 리더든, 팀원이든, 혹은 한 개인이든, 당신의 '덕'이 가장 강력한 자산임을 잊지 말아야 할 것입니다.

나를 향한 질문

- 당신이 속한 조직이나 사회에서 '백성을 얻어 나라를 얻고, 백성을 잃어 나라를 잃는' 사례를 경험한 적이 있는가?
- 당신은 '유덕차유인 유인차유토 유토차유재 유재차유용'의 연쇄 고리에서, 당신이 가장 먼저 '삼가야 할 덕(先慎乎德)'은 무엇이라고 생각하는가?

실천 과제

- 당신이 속한 조직이나 팀의 리더로서, 이번 주 동안 '사람(인재, 팀원)을 얻기 위해' 어떤 '덕'스러운 행동을 구체적으로 실천해 볼 것인지 계획을 세워보자. (예: 진심으로 경청하기, 칭찬 아끼지 않기, 공정한 기회 제공하기)
- 당신의 재물이나 자원(시간, 재능 등)을 '유용하게 쓸' 방법을 고민해보자. (예: 재능 기부, 작은 기부, 사회적 문제에 대한 관심과 참여)

CHAPTER 9

당신의 빛으로
세상의 평화로

신민新民,
나를 넘어 세상을 새롭게 하다

湯之盤銘曰, 苟日新 日日新 又日新.

탕지반명왈, 구일신 일일신 우일신

康誥曰, 作新民.

강고왈, 작신민.

詩曰, 周雖舊邦 其命維新.

시왈, 주수구방 기명유신.

是故 君子無所不用其極.

시고 군자무소불용기극.

"탕왕의 청동 그릇 명문에 이르기를,

'만약 하루하루 새로워질 수 있다면,

매일 새로워지고, 또 매일 새로워라.'

강고에서 말하기를, '백성을 새롭게 하라.'

『시경』에 이르기를, '주나라는 비록 오래된 나라일지라도,

그 운명은 끊임없이 새롭게 한다.'

그러므로 군자는

최고의 덕과 도리를 모든 일에 다 쓰지 않는 바가 없다."

원문 해설

이 장은 『대학』의 두 번째 강령인 '신민新民'에 대한 해설이다. '백성을 새롭게 한다'는 것은 단순히 백성을 친애하는 것을 넘어, 자신을 새롭게 하는 것에서 시작하여 타인과 공동체를 변화시키는 것을 의미한다. 이는 개인의 변화가 사회 전체의 변화로 이어지는 과정을 강조한다.

이는 시대를 초월한 변화와 혁신, 그리고 능동적인 사회 참여의 정신을 담고 있다.

湯之盤銘曰 苟日新 日日新 又日新 탕지반명왈 구일신 일일신 우일신 : 이는 자신이 몸을 씻어 깨끗하게 하듯, 마음을 씻어 악한 기운과 묵은 습성을 버리고 매일매일 스스로를 새롭게 해야 함을 강조한다. 잠깐의 새로움이 아니라, 꾸준하고 단절 없는 변화를 의미한다.

康誥曰 作新民 강고왈 작신민 : 여기서 '작作'은 단순히 만드는 것을 넘어 '진작시키고 고무시키는(鼓之舞之)' 의미를 내포한다. 이는 통치자가 솔선수범하여 자신을 새롭게 함으로써, 백성들 또한 스스로 낡은 습성에서 벗어나 새로운 삶을 살도록 이끌고 고취시켜야 한다는 의미한다.

詩曰 周雖舊邦 其命維新 시왈 주수구방 기명유신 : 주나라가 오랜 역사를 가졌음에도 문왕文王에 이르러 덕을 새롭게 하고, 그 덕이 백성에게 미치게 함으로써 하늘의 명을 새로이 받았다는 것을 말한다. 즉 오랜 전통이나 역사를 가진 존재라도 끊임없이 변화하고 혁신할 때 그 생명력을 유지하고 발전할 수 있음을 보여준다.

是故 君子無所不用其極 시고 군자무소불용기극 : 위에서 언급된 '스스로를 새롭게 하고(自新)', '백성을 새롭게 하는(新民)' 모든 과정에서 최선을 다하고 지극한 경지에 도달해야 함을 강조한다. 이는 '지어지선止於至善'과도 연결된다.

핵심개념은 개인의 끊임없는 혁신(苟日新), 타인의 변화를 이끄는 리더십(作新民), 오랜 전통 속에서의 생명력 유지(周雖舊邦 其命維新), 그리고 이 모든 과정에서의 극진한 노력(無所不用其極)이다.

21세기 시선으로 보는 해석

이 구절들은 현대사회에서 요구되는 변화 관리, 혁신역량, 지속적인 성장, 그리고 긍정적인 영향력 행사와 깊이 연결된다.

苟日新 日日新 又日新 구일신 일일신 우일신

'지속적인 자기 혁신과 애자일agile 사고'이다. 급변하는 시대에 우리는 어제의 성공에 안주하지 않고, 매일 새로운 지식을 습득하고, 사고방식을 개선하며, 끊임없이 자신을 업그레이드해야 한다. 이는 성장 마인드셋(Growth Mindset)과도 통하며, 개인의 역량을 꾸준히 강화하여 변화에 유연하게 대응하는 능력의 중요성을 강조한다.

변화를 이끄는 리더십과 임파워먼트Empowerment

리더는 단순히 지시하는 존재가 아니라 구성원들이 스스로 변화하고 성장하도록 동기를 부여하고 지원하는 역할을 해야 한다. 조직 내에서 혁신 문화를 조성하고, 구성원들이 잠재력을 최대한 발휘하도록 돕는 것은 현대 리더의 필수 역량이다. 이는 코칭, 멘토링, 그리고 조직문화 혁신과도 연결된다.

전통의 재해석과 지속가능한 발전

오래된 기업이나 조직, 혹은 개인이라 할지라도 과거의 영광에만 머물지 않고, 시대의 변화에 발맞춰 끊임없이 새로운 가치를 창출하고 자신을 재정의해야 한다. 이는 브랜드 리뉴얼, 비즈니스 모델 혁신, 그리고 개인의 정체성 재정립 등 다방면에서 적용될 수 있다. 낡은 것을 버리고 새롭게 태어나는 용기가 필요하다.

君子無所不用其極 군자무소불용기극

'탁월함의 추구와 완벽주의적 열정'이다. 어떤 일을 하든 최고 수준의 노력을 기울이고, 지극한 경지에 도달하려는 태도는 현대사회의 경쟁 속에서 빛을 발하는 핵심 역량이다. 이는 장인정신, 고도의 전문성, 그리고 집요한 문제해결 능력으로 이어진다. 변화와 혁신을 추구하되, 그 과정에서 대충이 아닌 '극진함'을 다해야 한다는 메시지이다.

단산의 대학 강의

우리는 매일 아침 거울을 보며 단정하게 자신을 가꿉니다. 어제의 피로와 먼지를 씻어내고 새로운 하루를 시작할 준비를 하죠.『대학』의 가르침은 바로 이 일상적인 행위 속에서 '새로움'의 깊은 의미를 찾아냅니다. "탕왕이 목욕통에 새겨 넣었다(之盤銘曰 苟日新 日日新 又日新)"는 이 글귀는 우리에게 매일매일 스스로를 새롭게 하라는 끊임없는 주문처럼 들립니다. 어제와 똑같은 생각, 똑같은 행동에 머물지 않고, 나의 마음과 정신을 매 순간 닦아내어 어제의 나보다 더 나은 나로 거듭나라는 강렬한 메시지입니다. 이는 마치 애자일agile 개발 방법론처럼, 매일의 작은 개선이 모여 거대한 혁신을 이룬다는 통찰을 담고 있습니다.

이러한 개인의 새로움은 타인과 공동체로 확장됩니다. 康誥曰 作新民 강고왈 작신민, 즉 새로운 백성을 만들라는 가르침은 단순히 강제적인 변화를 의미하지 않습니다. 이는 리더가 솔선수범하여 자신을 혁신하고, 그 변화의 에너지를 주변 사람들에게 전달하여 그들 또한 스스로를 새롭게 변화시키도록 고무하고 진작시키는 리더십을 말합니다. 제가 속한 팀에서도 리더가 새로운 기술을 먼저 배우고 적용하는 모습을 보였을 때, 팀원들 역시 자발적으로 학습하고 시도하려는 분위기가 형성되는 것을 보았습니다. 진정한 '신민'은 강요된 변화가 아닌, 영감을 통한 자발적인 변화에서 비롯됩니다.

오랜 역사와 전통을 자랑하는 주나라조차 비록 오래된 나라이지만 그 명은 새롭다(詩曰 周雖舊邦 其命維新)"고 노래했습니다. 이는 과거의 영광이나 익숙함에 안주하지 않고, 끊임없이 혁신하고 새로운 생명력을 불어넣을 때만이 진정한 지속 가능성이 보장됨을 시사합니다. 오늘날 많은 기업과 조직들이 급변하는 시장 환경 속에서 살아남기 위해 끊임없이 '리뉴얼'하고 '재창조'하는 이유와도 일맥상

통합니다.

개인의 삶에서도 마찬가지입니다. 과거의 성공 방정식에만 갇혀 있다면, 아무리 화려한 경력이었을지라도 결국 도태될 수밖에 없습니다.

이 모든 '새로움'의 추구는 결국 군자가 그 극진함을 다하지 않음이 없다(君子無所不用其極)는 자세에서 나옵니다. 매일매일 자신을 새롭게 하고, 타인을 새롭게 이끌며, 오래된 것을 새로운 생명력으로 채워 넣는 이 모든 과정에서 우리는 최선을 다하고, 가장 높은 경지에 도달하기 위해 노력해야 합니다. 이는 단순히 주어진 일을 해내는 것을 넘어, 최고의 탁월함을 추구하고, 끊임없이 완벽을 향해 나아가는 장인정신과도 같습니다.

『대학』의 이 가르침은 우리에게 변화를 두려워하지 말고, 오히려 변화의 주체가 되라고 말합니다. 매일 스스로를 혁신하고, 그 변화의 에너지를 주변으로 확산시키며, 전통 속에서도 새로운 가치를 찾아낼 때, 우리는 진정으로 '신민'의 경지에 다다를 수 있을 것입니다.

나를 향한 질문

- 당신은 매일 '구일신苟日新'을 실천하기 위해 어떤 노력을 하고 있는가? 어제의 나보다 더 나은 오늘의 나를 만들기 위해 시도하는 작은 변화는 무엇인가?
- 당신은 '작신민作新民'의 마음으로 주변 사람들에게 어떤 긍정

적인 변화의 영감을 주고 있는가?

실천 과제

- 이번 주, 당신의 일상이나 업무 루틴 중 하나를 정해 '더 새롭
게(又日新)' 개선할 수 있는 방법을 찾아보고 즉시 적용해보자.
(예: 새로운 학습도구 사용, 업무방식 변경.)
- 주변 사람 중 한 명에게 당신이 최근 배운 새로운 지식이나 영
감을 주는 생각 하나를 공유하여, 그들에게 '새로움'의 에너지
를 전달해보자.

지어지선止於至善,
지극한 선에 머무는 삶의 완성

詩云, 邦畿千里 惟民所止.

시운, 방기천리 유민소지.

詩云, 緡蠻黃鳥 止于丘隅. 子曰, 於止 知其所止 可以人而不如鳥乎.

시운, 민만황조 지우구우. 자왈, 어지 지기소지 가이인이부여조호.

詩云, 穆穆文王 於緝熙敬止.

시운, 목목문왕 어집희경지.

爲人君 止於仁, 爲人臣 止於敬, 爲人子 止於孝,

위인군 지어인, 위인신 지어경, 위인자 지어효,

爲人父 止於慈, 與國人交 止於信.

위인부 지어자, 여국인교 지어신.

詩云, 瞻彼淇澳 菉竹猗猗 有斐君子

시운, 첨피기오 녹죽의의 유비군자

如切如磋 如琢如磨 瑟兮僴兮 赫兮喧兮 有斐君子 終不可諠兮.

여절여차 여탁여마 슬혜한혜 혁혜훤혜 유비군자 종불가훤혜.

詩云, 於戲 前王不忘 君子賢其賢而親其親

시운, 오호 전왕부망 군자현기현이친기친

小人樂其樂而利其利 此以沒世不忘也.

소인낙기락이리기리 차이몰세불망야.

"『시경』에 이르기를, 나라의 영토가 아무리 넓어도,

진정 중요한 곳은 백성이 머무는 곳이다.

『시경』에 '작은 황새가 구릉 모퉁이에 앉는다'고 하였고,

공자께서 말씀하시길, '새가 어디 앉는지 보면 그 습성을 알 수 있듯,

사람을 다스릴 때도 사람의 처지를 세심히 살펴야 한다'고 하셨다.

『시경』에 이르기를, '문왕은 온화하고 자애로우며,

밝고 경건하게 행동하였다.

임금으로서 행동의 기준은 인仁에 있고,

신하로서 행동의 기준은 경敬에 있으며,

아들로서 행동의 기준은 효孝에 있고,

아버지로서 행동의 기준은 자慈에 있으며,

나라 사람과 사귐은 신信을 기준으로 삼는다.'

『시경』에 이르기를, '저기 강의 물가를 바라보니,

푸른 대나무가 우거져 있다.

아름다운 덕을 갖춘 군자는

마치 다듬고 새기는 것처럼 정교하고 완전하다.

음률이 아름답고 화려하며, 장엄하고 밝게 빛나지만,

아름다운 군자는 결국 소란스럽게 떠들지 않는다.'

『시경』에 이르기를, '옛 성왕들은 잊지 않았듯이,

군자는 어진 이를 공경하고 부모를 친히 섬기며,

소인은 즐거움과 이익만을 좇는다.

이것이 세월이 지나도 기억되는 까닭이다.'"

원문 해설

이 장은 『대학』의 세 번째 강령인 '지어지선止於至善'에 대한 해설이다. '지극한 선에 머무른다'는 것은 단순히 어떤 목표에 멈추는 것을 넘어, 인생의 모든 역할과 상황에서 가장 이상적이고 완전한 상태에 도달하여 흔들림 없이 그곳에 머무르는 것을 의미한다. 여러 고전의 인용을 통해 그 의미를 다각도로 조명한다.

다양한 『시경』 구절을 인용해, 지극한 선이 추상적인 이상이 아니라 삶의 모든 영역에서 우리가 추구하고 도달해야 할 구체적인 목표임을 보여주며, 이는 궁극적인 가치 추구와 지속적인 완성의 여정을 강조한다.

詩云, 邦畿千里 惟民所止 시운, 방기천리 유민소지 : 『시경』「상송 현조지」편에 나오는 구절로, '왕도의 천 리 강역이 백성들이 머무는 곳'이라는 뜻이다.

이는 만물이 각자 마땅히 머물러야 할 곳, 즉 가장 적절하고 안정적인 장소가 있음을 비유적으로 설명한다. 백성들이 가장 편안하고 안전하게 살 수 있는 지극히 선한 상태가 '지止'의 한 예이다.

詩云, 緡蠻黃鳥 止于丘隅. 子曰, 於止 知其所止 可以人而不如鳥乎 시운, 민만황조 지우구우. 자왈, 어지 지기소지 가이인이부여조호 : 『시경』「소아 민만지」편에 나오는 '짹짹거리는 꾀꼬리가 언덕 모퉁이에 머문다'는 구절에 대해 공자가 덧붙인 말이다.

공자는 '꾀꼬리도 멈춤에 있어서 그 머무를 곳을 아는데, 사람이 어찌 새만 못하겠는가?'라고 반문한다. 꾀꼬리도 자기에게 가장 적합한 곳을 찾아 머무르는데, 만물의 영장인 사람은 당연히 마땅히 머무를 지극한 선의 경지를 알아야 함을 강조하고 있는 것이다.

詩云 穆穆文王 於緝熙敬止. 爲人君 止於仁, 爲人臣 止於敬, 爲人子 止於孝, 爲人父 止於慈, 與國人交 止於信 시운, 목목문왕 오집희경지. 위인군 지어인, 위인신 지어경, 위인자 지어효, 위인부 지어자, 여국인교 지어신   : 『시경』「문왕편」에 나오는 '깊고 성대한 문왕이여, 계속해서 빛나고 공경하며 (지극한 선에) 머물렀네,'라는 구절과 그에 대한 해석이다. 이는 성인인 문왕이 지극한 선에 머무른 모습을 찬양하며, 구체적인 삶의 역할에서 '지어지선'이 무엇인지 제시한다.

- 임금은 인仁에 머무르고,
- 신하는 공경(敬)에 머무르며,
- 자식은 효孝에 머무르고,
- 아버지는 자애(慈)에 머무르며,
- 국민과 사귈 때는 믿음(信)에 머무른다.

이 다섯 가지는 '지어지선'의 구체적인 목표이자 실천 덕목이며, 모든 덕목이 그 가장 극진한 경지에 도달해야 함을 의미한다.

詩云, 瞻彼淇澳 菉竹猗猗 有斐君子 如切如磋 如琢如磨 瑟兮僩兮 赫兮喧兮 有斐君子 終不可諠兮 시운, 첨피기오 녹죽의의 유비군자 여절여차 여탁여마 슬혜한혜 혁혜훤혜 유비군자 종부가훤혜 .

如切如磋者 道學也, 如琢如磨者 自修也, 瑟兮僩兮者 恂慄也, 赫兮喧兮者 威儀也, 有斐君子 終不可諠兮者 道盛德至善 民之不能忘也 여절여

차자 도학야, 여탁여마자 자수야, 슬혜한혜자 순률야, 혁혜훤혜자 위의야, 유비군자 종부가훤혜자 도성덕지선 민지부능망야 : 『시경』「위풍 기욱지」편에 나오는 아름다운 군자를 칭송하는 시이다.

'자르고 갈고, 쪼고 닦는 것'은 학문 탐구(道學)와 자기 수양(自修)을 비유한다. 뼈나 옥을 다듬듯이 끊임없이 배우고 자신을 갈고닦아 완벽함을 추구하는 노력을 의미한다.

- '엄숙하고 굳세며(瑟兮僩兮)'라는 구절은 조심스럽고 두려워할 줄 아는 신중함(恂慄)을 뜻한다.
- '당당하고 빛나는(赫兮喧兮)'이라는 구절은 위엄 있고 의젓한 자세(威儀)를 의미한다.
- '아름다운 군자는 끝내 잊혀지지 않는다(終不可諠兮)'는 것은 덕이 지극하고 선함이 최고에 달해 백성들이 결코 잊을 수 없는 경지에 이른다는 찬사이다. 이는 지극한 선에 도달한 성인이 세상에 미치는 영원한 영향력을 보여준다.

詩云 於戱 前王不忘 君子賢其賢而親其親 小人樂其樂而利其利 此以沒世不忘也 시운, 오호 전왕부망 군자현기현이친기친 소인낙기낙이리기리 차이몰세부망야 : 『시경』「주송 열문」편에 나오는 '아! 옛 선왕들이 잊히지 않는 것은, 군자는 그들의 현명함을 본받고 친한 이를 친히 하며, 소인은 그들의 즐거움을 즐기고 그들의 이로움을 이롭게 하였기 때문이다. 이로써 죽어서도 잊히지 않는다'는 구절이다.

이는 선왕들이 지극한 선에 머무르고 백성들을 새롭게 한 결과, 그들이 죽은 후에도 백성들이 그들을 잊지 않고 추모하며, 그 덕이 후세에까지 미친다는 것을 의미한다. 지극한 선은 시대를 초월하여 영원한 영향력을 발휘한다.

핵심개념은 각자의 역할에서 최고의 경지 추구(爲人君 止於仁 등), 끊임없는 자기 연마와 학습, 덕성의 완성, 그리고 영원한 감화와 영향력이다. 이 모든 것은 '지어지선'이 단순한 이상이 아닌, 삶의 모든 순간에 구현되어야 할 실천적인 덕목임을 보여준다.

21세기 시선으로 보는 해석

'지어지선'은 현대인의 삶에서 '탁월함의 추구', '개인의 역할 충실', '지속적인 자기계발', '선한 영향력'이라는 개념과 깊이 연결된다.

지극한 선에 머무른다.

'각자의 자리에서 최고가 되는 것'을 말한다.

직장에서는 자신의 전문 분야에서 탁월한 성과를 내고, 가정에서는 좋은 부모, 자녀, 배우자가 되며, 사회에서는 책임감 있는 시민이 되는 것이다. 이는 프로페셔널리즘, 역할별 리더십, 그리고 윤리적 시민 의식으로 해석될 수 있다. 단순히 '잘하는 것'을 넘어 '가장 잘하는 것', 즉 완벽함을 지향하는 태도다.

사람이 어찌 새만 못하겠는가.

'인간 존재의 존엄성과 무한한 잠재력'에 대한 강조이다.

우리는 환경에 따라 본능적으로 움직이는 새와 달리, 이성과 의지로 삶의 방향을 설정하고, 최고의 가치를 추구할 수 있는 존재다. 이는 자기 효능감, 성장 마인드셋, 그리고 끊임없이 자신을 넘어서려는 도전정신과 맞닿아 있다.

군주는 인에, 신하는 경에, 자식은 효에, 아버지는 자애에, 벗은 믿음에 머무른다.

'상황별 리더십과 관계의 지혜'를 보여주는 말이다.

현대사회는 다양한 역할과 관계 속에서 복잡하게 얽혀 있다. 각 역할에 맞는 최적의 태도와 가치를 아는 것은 성공적인 인간관계와 사회생활의 핵심이다. 이는 공감능력, 소통능력, 그리고 갈등관리 능력으로 발현된다.

자르고 갈고, 쪼고 닦는다.

이 구절의 비유는 '평생학습과 지속적인 자기계발'을 의미한다.

급변하는 시대에 도태되지 않으려면 끊임없이 배우고, 자신의 약점을 보완하며, 강점을 더욱 갈고닦아야 한다. 이는 전문성 강화, 문제해결 능력 향상, 그리고 회복탄력성과 직결된다.

군자는 잊히지 않는다.

'선한 영향력과 유산을 남기는 삶'이다. 진정으로 지극한 선을 추구하며 살아간 사람은 그들이 사라진 후에도 그 정신과 가치가 사람들의 마음에 남아 영원히 영향을 미친다.

이는 가치 지향적인 리더십, 사회적 기업가 정신, 그리고 의미 있는 삶의 추구와 연결된다.

단산의 대학 강의

우리는 모두 어딘가에 '정착'하기를 바랍니다. 안정된 직장, 따뜻한 보금자리, 편안한 관계…. 하지만 『대학』의 '지어지선 止於至善'은 단순히 물리적인 정착을 넘어, 우리 삶의 모든 영역에서 가장 높은 단계의 '선'에 도달하여 머무르는 것을 의미합니다. 꾀꼬리가 언덕 모퉁이에 가장 적절하게 머물 듯, 공자께서는 사람이 어찌 새만 못하겠냐며 우리에게 삶의 궁극적인 지향점을 명확히 할 것을 촉구합니다.

이 '지극한 선'은 추상적인 개념이 아닙니다. 『대학』은 구체적인 역할 속에서 그 모습을 보여줍니다. 임금은 어짊(仁)에 머무르고, 신하는 공경(敬)에, 자식은 효도(孝)에, 아버지는 자애로움(慈)에, 그리고 친구와는 믿음(信)에 머물러야 한다고 말합니다. 이는 우리가 살아가며 맡게 되는 수많은 역할 속에서 가장 이상적이고 완전한 태도를 취해야 함을 의미합니다.

저는 직장인으로서 '전문성'에 머무르고, 한 개인으로서는 '성실함'에 머무르려 노력합니다. 각자의 자리에서 가장 빛나는 '선'을 찾는 것이 곧 나의 존재 이유이자 목표가 됩니다.

이러한 지극한 선에 도달하기 위한 여정은 결코 쉽지 않습니다. 『시경』의 '아름다운 군자'의 비유처럼, 우리는 마치 '뼈를 자르고 갈며, 옥을 쪼고 닦듯이(如切如磋 如琢如磨)' 끊임없이 자신을 연마해야 합니다. 이는 단순히 지식을 습득하는 것을 넘어, 삶의 매 순간을 배움의 기회로 삼고, 나 자신을 성찰하며 부족한 점을 채워나가는 지속적인 자기 수양의 과정입니다. 때로는 고통스럽고 지루하게 느껴질 수 있지만, 이 노력이 쌓여야 비로소 엄숙하고(瑟), 굳세며(僩), 당당하고(赫), 빛나는(喧) 진정한 군자의 덕성을 갖출 수 있게 됩니다.

결국 '지극한 선에 머무른다'는 것은, 나의 삶이 끝난 뒤에도 영원히 기억되고 본받을 만한 선한 영향력을 남기는 것과 연결됩니다. 『시경』이 '옛 선왕들이 잊히지 않는 이유'를 말하듯, 진정으로 지극한 선을 실천한 사람들은 그들이 없어진 후에도 그들의 지혜와 정신이 후세에까지 이어지며, 사람들은 그들을 통해 즐거움을 얻고 이로움을 누립니다. 이는 우리가 이 세상을 살아가는 궁극적인 목적이자, 가장 아름다운 유산이 될 것입니다.

나를 향한 질문

- 당신의 삶에서 지금 가장 중요하게 여기는 '역할(예: 직장인, 부모, 자녀, 친구 등)'은 무엇이며, 그 역할에서 당신이 머물러야 할 '지극한 선'은 무엇이라고 생각하는가?
- 당신은 '자르고 갈고, 쪼고 닦듯이' 꾸준히 자신을 연마하고 있는가? 어떤 방식으로 당신의 '도학道學'과 '자수自修'를 실천하고 있는가?

실천 과제

- 당신의 일상에서 '지극한 선'을 실천할 수 있는 작은 목표를 하나 정하고, 이번 한 주 동안 꾸준히 실천해보자. (예: 가족에게 매일

진심으로 감사 표현하기, 직장에서 한 가지 일에 '극진함'을 다해보기.)

- 당신이 존경하는 인물 중 '지극한 선'에 머물렀다고 생각되는 사람을 한 명 떠올리고, 그들의 어떤 점을 본받아 당신의 삶에 적용할 수 있을지 생각해보자.

당신의 빛으로 세상의 평화로

우리는 『대학』을 공부하는 긴 여정을 함께했습니다. 나 자신에 대해 아는 것에서 시작하여, 마음을 다스리고, 뜻을 성실히 하며, 사물의 이치를 궁구하는 '명명덕明明德'의 길을 걸어왔습니다. 그리고 그 빛을 바탕으로 가족을 화목하게 하고, 조직을 바르게 다스리며, 세상에 선한 영향력을 미치는 '신민新民'의 지혜를 배웠고, 마지막으로, 이 모든 과정의 궁극적인 목표가 바로 '지극한 선에 머무르는 것(止於至善)'임을 깨달았습니다.

『대학』의 가르침은 결코 거창하거나 추상적이지 않습니다. 그것은 당신의 가장 가까운 곳, 바로 당신의 마음에서 시작됩니다. 당신이 '홀로 있을 때'조차 흔들리지 않는 진실된 마음을 가질 때, 그 마음은 당신의 행동을 바르게 하고, 당신의 가정을 조화롭게 만들며, 당신이 속한 공동체에 긍정적인 파동을 일으킬 것입니다. 당신의 작은 실천이 쌓여 '백성을 얻으면 나라를 얻고, 백성을 잃으면 나라를 잃는다'는 민심의 경고를 이해하고, '의義로써 이로움을 삼는' 군자의 길을 걷게 될 것입니다.

결국 이 모든 여정의 목적은 당신이 진정으로 '백성의 부모'와 같은 리더가 되어, 당신의 빛으로 세상을 밝히고 평화롭게 만드는 것입니다. 당신의 말 한마디, 행동 하나가 수많은 사람들에게 영감을 주고, 변화의 씨앗이 될 수 있음을 잊지 마세요.

　이제 책을 덮고, 당신의 일상으로 돌아갈 시간입니다. 하지만 당신의 손에 들린 이 책은 단순한 지식이 아니라, 당신의 삶을 변화시킬 수 있는 살아있는 지혜가 되기를 바랍니다. 매일매일 스스로를 새롭게 하고, 당신의 주변에 선한 영향력을 미치며, 모든 순간에 '지극한 선'을 추구하는 삶이 되도록 합시다.

　당신 안에 있는 그 밝은 덕을 믿고, 당신의 용기 있는 실천으로 이 세상에 평화를 가져올 당신을 응원합니다. 당신의 빛이 영원히 빛나기를.

대학

지은이   박찬근

발행일   2025년 12월 26일 초판 1쇄

펴낸이   양근모

펴낸곳   도서출판 청년정신

출판등록   1997년 12월 29일 제 10-1531호

주 소   경기도 파주시 경의로 1068, 602호

전 화   031) 957-1313 팩스 031) 624-6928

이메일   pricker@empas.com

ISBN   978-89-5861-257-5 (03140)